顧客価値を劇的に高める

# 生成AI マーケティング

大広WEDO
テクノロジーチーム



日本能率協会マネジメントセンター

# はじめに

## お客様と直接つながり、「長期優良顧客」を醸成する

### 「お客様の本音」は、売り手からは見えづらい

商品・サービスを売るうえでいちばん大切なのに、いちばん目に見えないもの。それが「お客様の本音」です。

本書を著す大広WEDOで社長を務める私自身、一消費者として生活を送る中で、「お客様の本音というものは、本当に売り手からは見えないものなんだなあ」と感じる場面によく出くわします。

私と妻は共働きで、お互い、帰宅するのは22時過ぎになります。

妻は毎晩決まって、ある銘柄のヨーグルトを買ってきて、帰宅して一息ついたらそれを

食べていました。私はてっきり、「妻はこのヨーグルトが大好きであり、帰宅してこのヨーグルトを食べる時間が至福のひとときなのだ」と思い込んでいました。

ある日、早く帰宅できることになった私は妻がいつも買っているヨーグルトをとくに頼まれてはいなかったのですが買って帰ることにしました。私はさぞかし、妻は喜んでくれるだろうと思っていました。

しかし帰宅した妻の反応は、意外なものでした。ヨーグルトを買ってきたことに感謝はしてくれつつも、「私がいつもこのヨーグルトを買っているのは、買い物がいつも閉店間際で、このヨーグルトしか残っていないから。せっかく早い時間に買い物できるのなら、もっと違うヨーグルトが食べたかった」と残念がるのです。

「知らんがな」と思いつつ、私も一言確認しておけばよかったかなぁと反省しました。このときに妻に言われた、「あんたの間違いは、事象だけで判断して私と対話せんかったことやで」というのを今でも覚えています。

――ここまでは、ある夫婦のよくある日常の話です。

しかしこれを、妻が毎日買っているヨーグルトメーカーの目線で見てみると、話は少し深刻になります。

「自社の製品を毎日買ってくれている。さぞかしこのお客様はこの製品のファンなのだろう」と思っていたら実は全然そうではなく、ただ単に、ほかにヨーグルトが売っていないがために仕方なく買っていただけだったのですから。


多くの企業は、お客様の購買データや行動を集めながら、「このお客様は、どのような理由で自社の商品・サービスを購入してくれているのか」を勝手に類推します。

しかしそれだけでは、お客様の本音を大きく見誤ることもあります。

「仕方なく買っている」なんて本音は、企業が集められる購買データや行動からは拾いようがないからです。

自社商品のファンだと見込んでいたお客様が、実は競合他社の商品のファンであり、自社商品は「仕方なく買っていた」に過ぎなかった。これはとても恐ろしいことです。なぜなら、いつでも簡単に自社商品の購入をやめられうるからです。

客観的なデータを集めるだけでは、お客様の本音を知ることはできません。

お客様の本音を知るには、私が妻の本音を知ったときのように、やはり、直接話を聞くしかないのです。

## 生成AIを活用すれば、お客様と「直接」つながることができる

ただ、ある銘柄のヨーグルトについて、私が妻の本音を聞き出すのと、ヨーグルトメーカーが妻の本音を聞き出すのとでは、難易度に大きな差があります。
なぜなら、ヨーグルトメーカーはそもそも妻との接点を持っていないからです。

お客様の本音を聞く方法として、真っ先に思い浮かぶのは、アンケートでしょう。でもアンケートを実施したからといって、お客様が本音を答えてくれるとは限りません。仮に本音を答えてくれたとして、アンケートを集計し、分析し、お客様の本音に応える施策を打つには、膨大な時間がかかります。

1 to 1マーケティングはどうでしょう。世の中ではすでに1 to 1マーケティングが広く展開されており、お客様のウェブ閲覧履歴に合わせて広告を発信したり、「おすすめ商品」を提案したりといったことが行われています。しかしその多くは、企業からの一方的

な発信に過ぎず、「お客様の本音を引き出せているか」といえば、そうではありません。

お客様の本音を聞くにはこのように、高いハードルが立ちはだかるわけですが、可能にする方法がひとつ、あります。

それが本書でご紹介する「生成ＡＩを活用した顧客視点マーケティング」です。


「生成ＡＩを活用する」と聞いただけで抵抗感を持つ人は、一定数います。


「生成ＡＩはよく間違ったことを言うのでは？」

「ＡＩにお客様の本音のような気持ちの部分がわかるとは思えない」

「ＡＩに本気でしゃべるわけないでしょ」


このような感想を持つのも、無理はありません。事実、「かつての」生成ＡＩは、そうだったのですから。

しかし、生成ＡＩは進化しました。

その働きは今や、かつてのような、単なる「自動返答システム」にとどまりません。2

022年にOpenAI社（米サンフランシスコに拠点を構え、ＡＩ［人工知能］を専門とする企業）が公開したプログラムとＬＬＭ（大規模言語モデル）で大きな革命が起こり、適切に活用すればどのような組織でも対話を重ねながら顧客のロイヤリティを高め、顧客対応の質を向上させ、長期的な関係構築を支援できるコンタクトセンターをつくることができるようになったのです。

「OpenAI社が公開したプログラムってどんなもの？」「ＬＬＭって何？」と思った方もいるかもしれませんが、心配いりません。

本書では「何をするべきか」「なぜそうするべきか」「どうやってやるのか」に話を絞り、わかりやすく話を展開するよう心がけています。

## 本書の構成

本書はステップ0からステップ5までの構成となっています。

ステップ0のテーマは、「なぜ、生成ＡＩを活用して顧客データを溜める必要があるのか」。そもそもの話に立ち返り、順を追って考えていきます。

ステップ1では、「顧客データを集める仕組みを構築する」。すでに顧客とのコンタクトセンターを持っている企業も、持っていない企業もすぐに取り組むことのできる、「生成AIを活用した未来型コンタクトセンターの構築手法」を紹介します。

ステップ2では、「顧客と対話する」。ここまで何度も「顧客データ」と言っておきながらではありますが、顧客の立場からすれば、「データを集められるための対話」などまっぴらごめんでしょう。企業のスタンスとしては、顧客データはあくまでも「顧客との対話の結果、自然に溜まるもの」と考え、顧客との対話には真摯に向き合うのが望ましいといえます。するとおのずと、顧客データは溜まっていきます。

ステップ3では、「溜まった顧客データをベクトル化する」。顧客の嗜好を数字に置き換え、活用しやすくする方法を紹介します。

ステップ4では、「ベクトル化した顧客データを分析する」。お客様の本音を正確にとらえ、施策に活かす分析手法を紹介します。

ステップ5では「分析した顧客データを施策に反映する」。顧客データをもとにした、具体的な広告・プロモーション施策を考えていきます。

本書を読み終える頃には、AIを活用して長期優良顧客の発掘と育成を行う新しい道筋、さまざまな手法が見えるはずです。本書が、日々マーケティングに試行錯誤している人たちにとって少しでも助けになるのであれば、これに勝る喜びはありません。

2025年1月

株式会社大広WEDO　代表取締役社長　大地伸和

CONTENTS

## ステップ 2

## ＬＬＭを活用した対話で顧客のロイヤリティを向上させる



## ステップ 3

## 対話から得た顧客データを「マーケティング活用できるかたち」で溜める

ステップ0

# なぜ、
# 生成AIを活用して、
# 顧客データを溜める
# 必要があるのか

# 人口減少社会では「いかにリピートしてもらうか」がカギとなる

## 「既存顧客」の重要度が増している

**ステップ0では、そもそも「顧客データを溜めて、活かす」ことがなぜ重要になるのかを考えていきます。**

まずは日本全体の現状と、市場が直面している課題を確認していきましょう。

日本の人口は、2008年の1億2808万人をピークに減少に転じ、現在は1億2338万人（2024年8月現在）にまで減っています。国立社会保障・人口問題研究所の推計によれば、2048年には1億人を割り、2060年には8700万人弱にまで減ると見込まれています。ただ単に「減り続けている」だけでなく、その減少は加速度的に進んでいるのです。

人口減少社会では、市場もどんどん縮小していきます。商品やサービスを購入する人の頭数がそもそも減っていくのですから、当然のことです。

これはマーケティングの観点からいえば、「人口が増えていく」ことを前提に行われてきたこれまでのマーケティングとは、まったく違った発想でのマーケティングが必要になるということでもあります。

市場が縮小する中では、新規顧客を捕まえることがどんどん難しくなります。もちろん、まったく捕まえられなくなるというわけではないのでしょうが、かつてよりだいぶ少なくなったパイを競合他社と奪い合うことになるのですから、どうしても効率は落ちます。

**そこで人口減少社会では、既存顧客に重きを置いたマーケティングが必要になってきます。**

17ページ上の図は、「人口が増えていく」ことを前提に行われてきた、これまでのマーケティングを示したものです。

市場が拡大し続けていく中では、「購買」されることが当面のゴールであり、そのために「いかに認知されるか」「いかに理解・関心を深めてもらうか」「いかに候補に挙げてもらうか」が重要視されていました。

購買の結果、顧客に「なんだこの商品。二度と買わないよ」と思われたところで、ほかの新規顧客に購買してもらえればそれでよかったのですから、何の問題もなかったのです。

しかし人口減少社会では、そうはいきません。なにせ「ほかの新規顧客」を捕まえることが容易ではなくなってきたのですから。

**そこでこれからは、購買された「後」が重要になってきます**。そのイメージが、17ページ下の図です。

購買してくれた顧客に、いかに「満足」してもらい、いかに「リピート」してもらい、いかに「愛用」してもらうか。そしていかに「新たな商品の認知」につなげるか。既存顧客に自社商品と、自社そのものを気に入ってもらい、末永く買い続けてもらうための施策が必要となってきます。

購買「後」に重きを置いたマーケティング

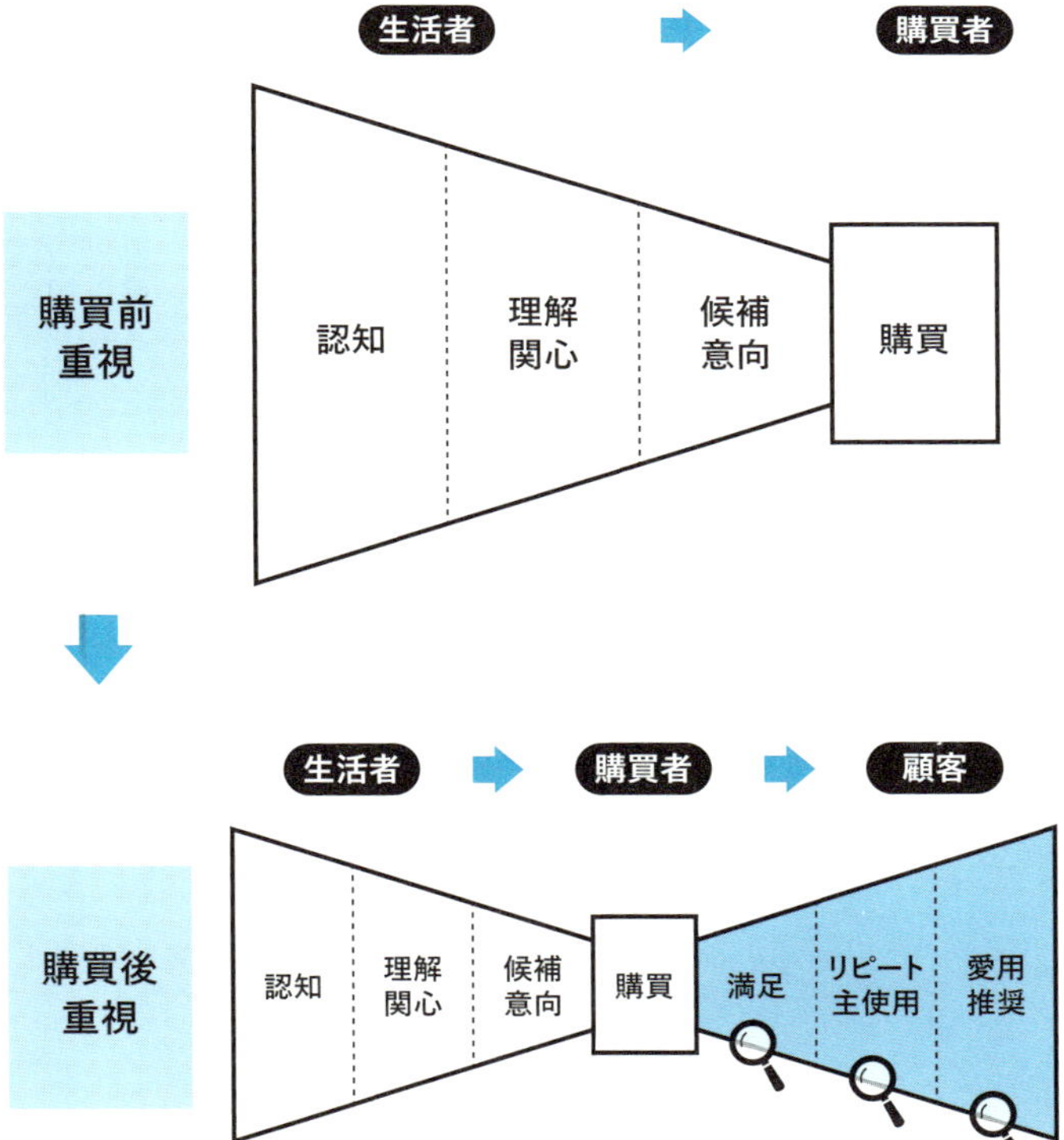

## 顧客にいかに「自分は大事にされている」と感じてもらうか

図らずも、日本の人口が減少に転じるのと時を同じくして、インターネット技術は目まぐるしい発展を遂げていきました。

**それに伴い、商売の形態も少しずつ、「新規購入重視」から「継続購入重視」へと変わっていきました。**

我々大広WEDOの親会社である大広は、広告代理店として、1970年代のテレビショッピング創成期から現在に至るまで、その変化をつぶさに見続けてきました。かつては「定期購入」といえば、新聞や雑誌くらいでしか見なかったビジネスモデルでしたが、今やすっかり、サブスク（＝サブスクリプション。月単位や年単位などで定額料金を払い、商品やサービスを利用する権利を得る）というビジネスモデルが広まっています。

現場では、「一度購入して、それでおしまい」といったビジネスモデルは縮小しつつあり、「一度購入してもらって、それに満足してもらって、いかに定期購入につなげるか」という戦いのほうが主流になっています。

「一度、購入してもらう」のと、「定期購入してもらい、利用し続けてもらう」のとでは、ハードルの高さに大きな差があります。

たとえ一度の購入で満足してもらい、定期購入にこぎ着けたとしても、その顧客を大事にし続けなかったなら（顧客を「自分は大事にしてもらえている」と感じさせ続けられなかったなら）、簡単に離脱されてしまうからです。

顧客にいかに「自分は大事にされている」と感じてもらい、定期購入を続けてもらうか。

今の、そしてこれからのマーケティングにとって、これは大きな課題です。

# プラットフォームを通さず、顧客と「直接」つながることが重要

## プラットフォーム経由では、顧客のことが見えない

「はじめに」の中で、「自社商品のファンだと見込んでいたお客様が、実は競合他社の商品のファンであり、自社商品は『仕方なく買っていた』に過ぎなかった。これはとても恐ろしいこと」と記しました。

新規顧客を捕まえるのが大変な中で、毎日自社商品を買ってくれている大事な「優良顧客」だと思っていた人が、実は自社へのロイヤリティを持っておらず、簡単に他社商品に乗り換えうる存在だったわけですから。もしも企業が、その人を「優良顧客」と認識し、その人を喜ばせつつ、その人のような顧客を増やそうとして施策を打つと、ことごとく空

振りに終わってしまうのです。

**正しい施策を打つには、顧客のことを正しく認識しなければなりません。**

正しく認識するには、顧客と直接つながり、コミュニケーションをとり合えればいいわけですが、個人経営のお店ならまだしも、企業が顧客と直接つながるのはなかなか大変です。

大変な理由の代表的なものが、「プラットフォーマー」の存在です。

プラットフォーマーとは、インターネットの世界ではビッグ・テック（Alphabet［Google］、Amazon、Apple、Meta［Facebook］）、リアルでは量販店やスーパーマーケットなど、生産者と顧客を仲介する存在のことを指します。

たとえば、あなたがAmazonで、ある本を1冊買うとしましょう。

Amazonはその購入履歴を「あなたの情報」として把握します。加えて、その本をすでに購入しているほかの人とともに「その本を買った人」としてデータ化され、そのデータは、次にその本のページを開いた人への「よく一緒に購入されている商品」や「この商品をチェックした人はこんな商品もチェックしています」といった提案へと役立てられます。

しかしそれらのデータは、Amazonに蓄積されるばかりで、出版社はまったく把握できません。

自社の本を誰が買い、その人は今までにどんな本を買っていて、ほかにはどんな本をチェックしているのか、出版社からは見えないのです。

そしてこれはもちろん、本に限った話ではありません。ありとあらゆる商品について同じことがいえます。

出版社によっては、本の中に「読者ハガキ」を挟んで、率直な感想を募っている会社もあります。その他のメーカーの中にも、商品にアンケートを同封し、返送を待つ会社もあります。

しかしそれだけでは、あまりにも心許ないと言わざるを得ません。プラットフォーマーが持っている情報量と、商品を生産するメーカーが持っている情報量には、これほどまでに大きな差があるのです。

## 「プラットフォーマー」のイメージ

プラットフォーマー……生産者と顧客を仲介する存在

便利ではあるが、プラットフォーマーを通すと
顧客のことを正しく認識できないことがある

（例）本を購入する場合

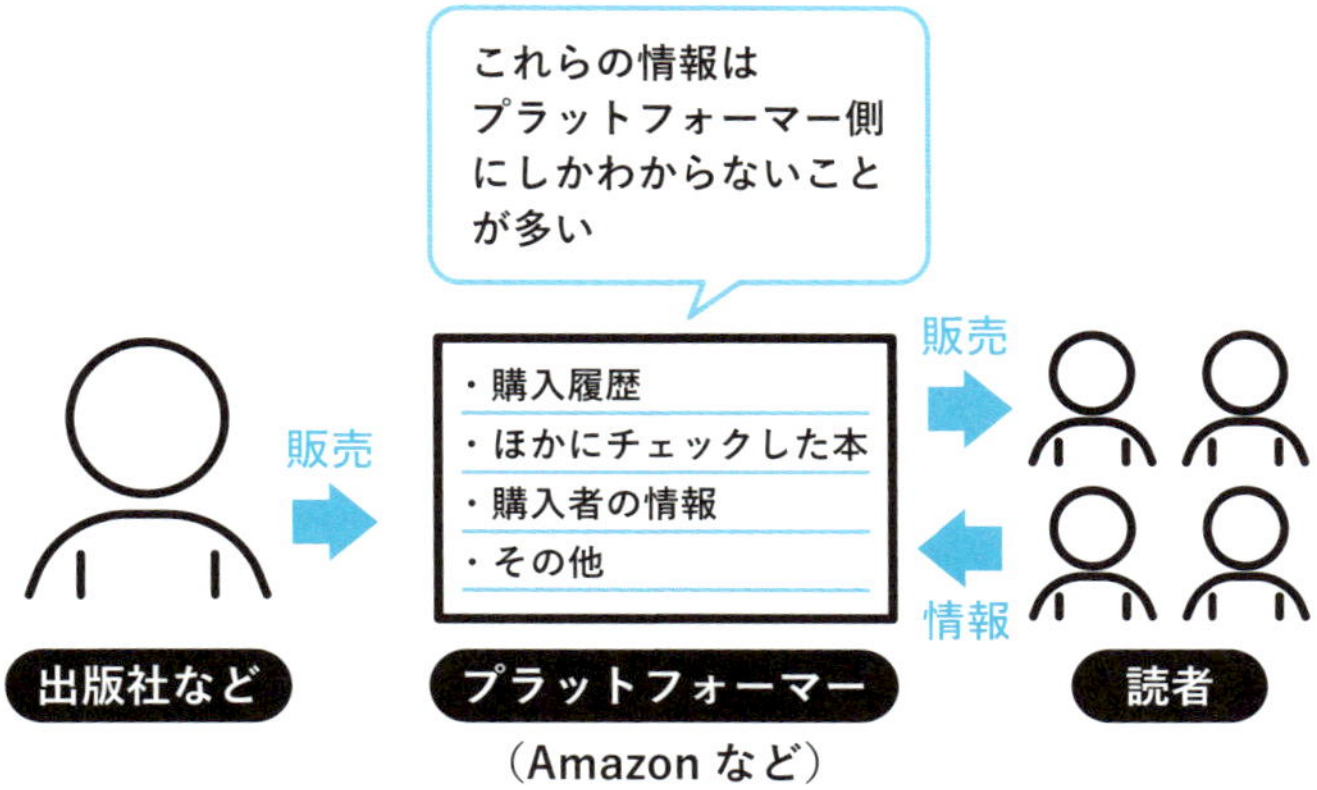

**顧客のことを正しく認識できないままに、ただただ商品をつくり続けるだけでは、いずれ顧客の嗜好とは大きく離れた商品を生み出しかねませんし、何より、メーカーとしても張り合いがないでしょう。**

## コールセンターや問い合わせ窓口も、万全ではない

「顧客との接点」という視点でいえば、すでにコールセンターや、顧客からの問い合わせ窓口を持っている企業もあるかもしれません。

これらは確かに、顧客と直接つながることができ、顧客の本音を聞くチャンスを生むシステムでもあります。

ただ、コールセンターや問い合わせ窓口は基本的に、顧客に困ったことが起きたときに対応する存在です。そのためどうしても、ネガティブな声が多くなります。ときには感情的な声に向き合わなければならない場合もあります。

これはお恥ずかしい話なのですが、かつて実施したあるキャンペーンで、ミスを生んでしまったことがありました。

キャンペーン事務局には、問い合わせの電話がひっきりなしにかかってきました。ミスがあった部分についての具体的な問い合わせもありましたが、その声よりも多かったのが、感情的な罵詈雑言でした。中には、キャンペーンにおけるミスからは大きくかけ離れた、電話対応しているスタッフへの人格否定もありました。

スタッフは誠心誠意謝罪し、対応し続けましたが、日に日に心を痛めていきました。

確かにいずれも、顧客の本音なのかもしれません。**しかし本音の中には、次の施策へ活かしづらい、非建設的なものも多くあります**。

それらがどっと押し寄せるコールセンターや問い合わせ窓口も、やはり「顧客との接点」としては、万全なものではないのです。

## 生成AIを活用した顧客接点を運用すれば、顧客との「対話」が可能になる

ならば、どのようにして「顧客との接点」をつくればよいのか。

本書を通して提案するのは、「生成AIを活用した顧客接点を構築する」ことです。

顧客と直接、ＬＩＮＥ等でつながって自社情報や商品情報を提供するという手法は、すでに多くの企業が取り入れています。

ただそのほとんどは、新商品のお知らせやキャンペーンの告知といった、企業からの「一方的なお知らせ」に終始しています。顧客の本音を聞くための「対話」になっていないのです。だから一定以上の登録者数があっても、「顧客のことが何もわからない」という根本の問題を何も解決できずにいます。

『「顧客の本音を聞くための対話』なんて無理だろう」と思うかもしれません。

しかし生成ＡＩを導入し、活用すれば、それが可能になります。本書でお伝えしたいのは、まさにその「導入」と「活用」の手法なのです。

大広ＷＥＤＯは２０２３年、オーダーメイドのビジネスウェアブランドであるFABRIC TOKYOの協力を得て、顧客との自動対話プログラムの実証実験を行いました。

大広ＷＥＤＯが提供しているシステムをもとに開発したＡＩの「コーダイくん」に、ＬＩＮＥのトークルーム上で、「FABRIC TOKYOの店舗スタッフ」として４カ月間、働いてもらったのです。

コーダイくんに課せられた使命は、初めてFABRIC TOKYOのビジネスウェアを買ってくれた顧客を「2回目の購買」へといざなうことです。1回買っただけの顧客が2回目も買ってくれるとは限りませんが、2回買った顧客は3回、4回と買ってくれ、長期優良顧客となる可能性がぐんと高まるからです。

コーダイくんと顧客のトークルームの一例を、29ページに掲載します。

コーダイくんは、顧客一人ひとりの職業や普段の服装、サイトへのアクセス履歴といったパーソナルデータと、それまでの対話履歴に基づいて、顧客と対話します。商品をおすすめするだけでなく、ビジネスファッションのお悩み相談にも乗ってくれます。

29ページを見ていただければ、コーダイくんが顧客一人ひとりに合わせて受け答えを変えている様をわかっていただけるでしょう。

顧客は「誰に対しても同じ、通り一遍の回答」ではなく、「自分に合った回答」を受け取るため、コーダイくんに対して「自分のことをわかってくれている」と愛着を持つようになります。それがひいては、FABRIC TOKYOへの親近感へとつながっていきます。

コーダイくんは、４カ月にわたる実験期間で１４９人の顧客と向き合い、１２０３回の対話を行いました。その結果、コーダイくんと対話した顧客が90日以内にFABRIC TOKYOのビジネスウェアを購入する割合が、コーダイくんと対話していない人を含めた全体と比べ、格段に高いことが判明しました。

コーダイくんは、長期優良顧客の候補づくりに大きな貢献をしたのです。

もしかしたら、**「生成ＡＩに顧客との接点を任せるなんて味気ない。顧客との窓口は、人間のスタッフが行ったほうがいい」**と考える人もいるかもしれません。

確かにその一面は否定しきれませんが、生成ＡＩに窓口を任せるメリットは、想像以上に大きいといえます。

では、次項で詳しく見ていきましょう。

## 顧客情報や対話履歴から、同じ質問に対しても顧客ごとに適した対話を行う

### 〈Aさんとのやりとり〉

お客様：こんにちは

コーダイくん：こんにちは！
FABRIC TOKYOのAIコーディネーター、コーダイです。何か質問や相談がありますか？　お気軽にどうぞ！

お客様：今日のような暑い日はどんな服が良いですか

コーダイくん：暑い日は、涼しげな素材のシャツやTシャツがおすすめです。薄手のコットンやリネンなど、通気性の良い素材を選ぶと快適ですよ。また、襟のないデザインの半袖のシャツも涼しげでおしゃれです。ぜひ、夏らしいカラーや柄も取り入れて、爽やかなスタイルを楽しんでください！

お客様：在宅勤務が中心なので楽に過ごせる服は良いですね

コーダイくん：在宅勤務が中心の場合、快適な軽装がおすすめです。リラックス感のあるカジュアルなスタイルが良いでしょう。例えば、ゆったりとしたTシャツやシャツ、カジュアルパンツやジーンズなどがおすすめです。また、素材にもこだわって、肌触りの良いものや通気性のあるものを選ぶと快適に過ごせますよ。自宅での業務をより快適に過ごすために、お気に入りのカジュアルウェアを選んでみてください！

### 〈Bさんとのやりとり〉

お客様：こんにちは！

コーダイくん：こんにちは！
どのようなご質問でしょうか？お手伝いできることがありますか？

お客様：今日のような暑い日はどんな服が良いですか

コーダイくん：暑い日は、涼く快適な服がおすすめです。綿やリネンなどの通気性の良い素材を選ぶと良いですよ。

お客様：営業で毎日顧客と接するので、暑い日は高級感と涼しさの両立に悩むんですよね。

コーダイくん：暑い日に高級感と涼しさを両立させるためには、薄手のウールやリネンのスーツがおすすめです。通気性が良く涼しげな印象を与えるだけなく、高級感も演出できます。また、半袖のシャツや明るめの色味も涼しげな印象を与えることができますよ。

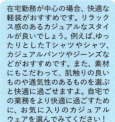

# 現代社会は「商品が悪い」より「窓口の対応が悪い」のほうが命取り

## 「抜群の安定感」は大きなメリットとなる

生成ＡＩを活用した顧客接点を運用することにより、コールセンターや問い合わせ窓口の役割も、そちらへと移管することができます。

生成ＡＩを導入するメリットとしてわかりやすいのは、「即座に」「的確に」「誰にでも公平に」「複数人に対して同時に」「スタッフの属人的なスキルに左右されることなく」対応ができる点です。

実は、購入した顧客が「この商品は悪い」と不満を抱いたところで、企業活動に大きな支障をきたすことはそうそうありません。

もちろん、よっぽどの不良品を大量に世に出してしまっていたのならば話は別です。ただ、基本的には人それぞれ好みがあり、合う・合わないがあることは、顧客もよくわかってくれています。

たとえひとりが「自分には合わなかった」と不満を抱き、その感想をレビューとして書き込んだとしても、それが大きな売り上げの落ち込みにつながることはあまりないのです。

**企業にとって命取りになりうるのは「窓口の対応が悪い」ことです。**

そもそも電話がつながらない。メールの返信がない。連絡がついたとしても問題点の把握に時間がかかる。顧客の側に非があるような受け答えをする。アドバイスが高圧的。

これらはいずれも、顧客の怒りに火をつけ、大きく炎上する要素です。しかし同時に、人間のスタッフが対応する以上、どうしても生まれうる要素でもあります。

その点、対応を生成ＡＩに任せれば、「即座に」「的確に」「誰にでも公平に」「複数人に対して同時に」「スタッフの属人的なスキルに左右されることなく」対応ができます。この安定感は、企業にとって大きなメリットとなります。

## 低コストで導入可能

コスト面でも、生成ＡＩは優位に働きます。

コールセンターにはどうしても「お客様のクレームに対応する」という重労働のイメージがつきまとうため、スタッフの定着率が低く、慢性的な人材不足を抱えています。その中でスタッフを採用し、顧客の要望に応えられるまでに育て上げるには、大きなコストがかかります。

**また、コールセンターを置く余裕もない小規模経営の企業では、顧客対応のためだけにスタッフを雇うのもなかなか難しいところがあります。**

「そのような小規模経営の企業では、そもそも問い合わせ業務なんて発生しないのでは？」と思う人もいるかもしれませんが、頻繁に発生します。

たとえば、新潟県にある小さな鮮魚店は、新鮮な魚を産地直送で全国に配送する業務を行っています。品質の確かな魚を、丁寧な梱包で配送するのですが、商品に関する問い合わせは毎日やってきて、大きな負担になっています。

「そんな質問、ウェブサイトを見てもらえれば、いちばん目立つところに書いてあるよ」と言いたくなるような質問まで、お構いなしにやってくるのです。しかし邪険に扱ってしまえばすぐに炎上してしまいますから、真摯に対応しています。

すでにコールセンターを構えている企業も、新潟県のとある鮮魚店のようにコールセンターを構える余裕のない企業も、生成ＡＩならば、スタッフひとりを雇い、育てるよりも低いコストで導入できます。そのうえ前述のような大きなメリットを享受できるのです。

## 生成AIは「営業マン代行」である

ここまで、「問い合わせ窓口の代行」としての役割にスポットライトを当ててきました。

しかし私たちとしては、生成ＡＩは「問い合わせ窓口の代行」というよりむしろ「顧客との接点となるさまざまな人および装置の代行」としての役割が大きいと考えています。

これは、前項でご紹介したコーダイくんの事例を見ていただければ明らかでしょう。生成ＡＩは、顧客情報や会話履歴、商品知識の膨大な蓄積を武器に、常に相手に合わせた対話をすることができます。

この特性は、Ｂ to Ｃのビジネスモデル以上に、Ｂ to Ｂのビジネスモデルで威力を発揮すると私たちは考えています。


たとえば、膨大な量の化学製品を扱っているある化学メーカーがあるとします。それぞれの製品に営業マンが１〜２人、自身が扱う製品の「専門家」的な役割で担当を任されています。

それぞれの営業マンは、自身の専門分野については細部まで詳しく話せますが、顧客との対話の中で担当外の製品のことを聞かれたときには、その製品の担当に話を引き継がなければなりません。扱う製品の専門性が高すぎ、また営業マンの専門性も高すぎるために、担当外の分野について営業マンが不用意に顧客に説明するわけにはいかないのです。

その点、膨大な知識を蓄積するのは生成ＡＩの得意分野です。複数の製品にまつわる膨大な情報を、すべて飲み込み、顧客が必要とする情報を的確に発信することができます。

生成ＡＩを導入することにより、複数の営業マンで引き継ぎ合う時間的コストも、コミユニケーションコストも減らすことができるのです。

メーカーの営業マンも、コールセンターのスタッフと同様に、常に人材不足であるのが実情です。そのために、会社として、顧客の要望に応えきれないことも多々あるといいます。

**生成AIが「営業マン代行」としての役割を果たしてくれれば、人材不足という課題も低コストで解消することができます**。それどころか、営業マン5人分、10人分の働きを期待できるのです。

# 相手が「ＡＩ」だからこそ、人は本音を話しやすい

## 人間相手だと、「相手の反応」が気になってしまう

ＬＩＮＥ等で「友だち」になるとはいえ、顧客にしてみれば、相手は企業であり、しかもＡＩです。「そんなもので、顧客は本当に本音を話してくれるのか？」と疑問に持つ人もいるでしょう。

しかし我々は、むしろ相手がＡＩだからこそ、顧客は本音を話しやすくなると考えています。

ある高校生から聞いた話です。

その高校生はいじめに遭っていると感じていて、学校内のハラスメント窓口に相談しようかどうか悩んでいました。

「いじめられている」と感じているのは事実なのですから、堂々と相談すればよさそうなものですが、「相談するのが怖い」と尻込みしているのです。

いじめっ子にバレるのが怖いのかといえばそうではなく、それ以前に「ハラスメント窓口の先生に相談するのが怖い」のだといいます。

ハラスメント窓口の先生も当然人間です。自分が相談に行ったら、「相談に乗らなければ」と意気込み、結果として、自分に対してマウントをとってくるかもしれません。あるいは、「そんなのいじめじゃないよ」と、自分の悩みを軽く扱われてしまうかもしれません。

相手が人間だと、このようにいろいろ考えすぎて、自分をさらけ出せないというように考えているのです。

しかしその高校生は、「相手がAIだったら、気軽に話すことができそう」といいます。AIは、マウントをとったりバカにしたりせず、具体的な解決策を提示してくれそうだからです。

これは、高校生の学校生活の中でのセンシティブな事情ゆえの話かと思いきや、どうやらそうでもないことが、さきほど事例として示した、FABRIC TOKYOの協力を得ての実験からもわかっています。

## AI相手だと、用件のみをシンプルに聞ける

39ページに挙げるのは、実験の中で顧客とコーダイくんが行っていたトークの抜粋です。顧客は、挨拶や世間話を挟むことなく、唐突に「ジャケパンのコーディネート」についておすすめを聞き、続いてインナーの相談をし、インナーの色について「白以外」のおすすめを聞き、得た答えである「グレー」がお気に召さなかったのか、改めて「グレー以外」のおすすめを聞き直しています。

もしも人間相手だったら、コーディネートの相談をする前に、「今相談していいかどうか」を確認するでしょうし、文面も「ジャケパンのコーディネート」だけでなく、もう少し気を遣ったものになるでしょう。

加えて、インナーの色のおすすめを聞いて「グレー」と言われたら、せっかくおすす

## 実際の会話内容を抜粋｜コーディネート相談

| | |
|---|---|
| User | ジャケパンのコーディネートについて教えてください |
| AI | ジャケパンのコーディネートには、ジャケットとパンツの色や素材の組み合わせが重要です。例えば、ネイビーやグレーのジャケットにベージュやカーキのチノパンを合わせると、カジュアルでありながらも上品な印象になります。また､ジャケットの代わりにカーディガンやセーターを合わせると、よりリラックス感のあるスタイルになります。お好みのスタイルに合わせて、自由にコーディネートしてみてください！ |
| User | インナーはどうしたら良いですか？ |
| AI | インナーは、スーツやジャケパンのスタイルに合わせて選ぶと良いですよ。例えば、カットソーやリネンシャツなどの軽い風合いのインナーは、カジュアルな職場や休日のお出かけにおすすめです。また､ビジネスシーンでは､ドレッシーシャツやフォーマルシャツが適しています。お好みやシーンに合わせて、お選びください！ |
| User | 色に悩んでいます。白シャツ以外ではなにがおすすめですか？ |
| AI | グレーのシャツがおすすめです。落ち着いた都会的な印象で、さりげないおしゃれを演出できますよ。 |
| User | グレー以外だとなにがおすすめですか？　初心者向けで。 |
| AI | 初心者向けのシャツとしては、ライトブルーやピンクがおすすめです。これらの色は、ビジネスシーンでも使いやすく、さわやかで明るい印象を与えます。また、ホワイトやライトグレーのスーツとも相性が良いですよ。ぜひ試してみてください！ |

※実際の会話をもとにチューニングしたもの

めされたグレーを邪険にできず、さらに踏み込んで「グレー以外で」と聞けないかもしれません。

**しかしＡＩ相手ならば、必要なときに必要なことだけを端的に質問することができます。**

企業側にとっても、「顧客の嗜好」や「顧客が何を求めているのか」といった、今後のマーケティングに必要な情報が、シンプルな言葉で溜まっていきますから、お互いにウィンウィンというわけです。人間を相手にしたときに出てくるような上っ面の社交辞令は、今後のプロモーションにとって、何の役にも立ちません。

率直な会話が蓄積されていけば、ＡＩはそれを学習していきます。より目の前の顧客に合わせた提案ができるようになり、顧客に「自分のことをわかってくれている」と思われるようにＡＩは育っていきます。

## 最初は「顧客にとって価値のある情報」を提供し続ける

「生成ＡＩによって、顧客が本音を語るハードルが下がる。企業と顧客が友だちのような関係性になりうる」と言われても、まだ「本当にそんなことが実現できるのか？」と疑う人もいるかもしれません。

確かに、関係性ができていないうちから、「自分は話しやすい存在です。さぁ、どうぞ本音を話してください」と言ったところで、本音を話してくれる人はそういないでしょう。

まず必要なのは、顧客にとって価値のある情報提供をひたすら行い続けることだと、考えています。

「最近のファッションのトレンドは」
「あなたに合うコーディネートは」
「この季節に最適のスタイルは」
といった、ただ顧客のためになる情報を提供し続けると、そのうち、たとえば「よろしければ以前購入されたスーツに合うシャツをご提案してもよろしいですか？」と呼びかけたときに、「じゃあお願い」と答えてくれるようになってきます。

相手からの見返りを求めず、愚直に情報提供を行うことが大切なのです。

人間の場合、相手からの見返りをまったく求めず、かつ相手からの反応も全然ない中で情報提供を行い続けるのは大変ですし、コストもかかります。しかしＡＩの場合、心が折れる心配はありませんし、人間が担当するよりも時間的コスト、金銭的コストも少なくてすみます。

それでは次章から、「生成ＡＩを活用した未来型コンタクトセンターの構築手法」をご紹介していくことにしましょう。

ステップ1

# AIを活用したコンタクトセンターを構築する

# 顧客の声を「活用できるデータ」として溜める

## 顧客の声を「聞くだけ」では、何の意味もない

ステップ1では、ＡＩを活用したコンタクトセンターを構築し、顧客データを溜める体制を整えます。

本書を読んでいる人の中には、すでにコンタクトセンターを持っている中堅〜大企業のマーケティング担当者もいれば、「コンタクトセンターの開設よりも、まずは顧客づくりから」と考えている中小企業の経営層や個人事業主の方もいることでしょう。

ただ、現状持っているコンタクトセンターに大きな違いがあっても、これから「ＡＩを活用したコンタクトセンターを構築する」となると、やるべきことはそう変わりません。

従業員が数千人以上の規模の大企業でも、数百人の中堅企業でも、数人〜数十人規模の中小企業でも、AIを活用したコンタクトセンターを構築するうえで頭に入れていただきたいことを紹介していきます。

**コンタクトセンターの具体的な運営を紹介する前に、ステップ0で触れた「コールセンター」と、このステップで触れる「コンタクトセンター」の違いについて説明します。**

コールセンターとは、オペレーターが顧客と電話を中心に対話するセンターのことです。一方で、コンタクトセンターは、コールセンターの機能に加え、ウェブサイトへのお問い合わせや、SNSの運用管理など、多様な顧客との向き合いを管轄するセンターのことです。

ここでは後者のコンタクトセンターを基本に説明していきます。

## 顧客の声を「活用できるデータ」として溜める

ステップ0でコンタクトセンターの運営を「人中心」から「AI中心」へ移行させるメ

リットとして、次の４つを挙げました。

**メリット①　安定感のある顧客対応ができる**
**メリット②　低コストで導入できる**
**メリット③　「営業マン代行」として自社の事業領域すべてを網羅し、顧客へ広く、深い案内ができる**
**メリット④　顧客が本当に求めていることを引き出せる**

そのうえで、これら４つのメリットを包括する、最大のメリットをここで提示します。

**最大のメリット　顧客の声を「活用できるデータ」として溜めることができる**

すでにコンタクトセンターを持っている企業であっても、そのほとんどは、得た顧客の声を「音声データ」としてそのまま持っているか、あるいは文書化して社内のデータベースに保存しているかでしょう。

## コンタクトセンターの運営を「人中心」から「AI中心」へ移行するメリット

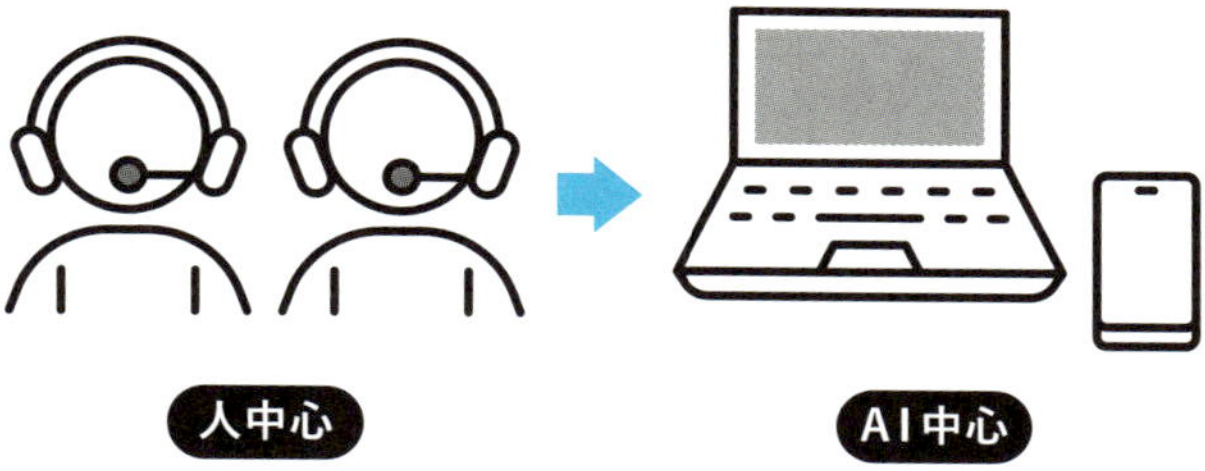


**「人中心」から「AI中心」に移行するメリット**

1 安定感のある顧客対応ができる

2 低コストで導入できる

3 「営業マン代行」として自社の事業領域すべてを網羅し、顧客へ広く、深い案内ができる

4 顧客が本当に求めていることを引き出せる

しかしそれでは、いざ顧客の声を活かそうとしたときに、人間によって「聞き返す」「読み返す」といった作業が発生し、大きな時間的・労力的コストがかかります。そのために「いつか取り組もう」と先延ばしにしてなかなか具体的な施策を打てなかったり、「もう何年も前の顧客の声なんて、どうせ使わないのだから捨ててしまおう」と廃棄してしまったりといったことが起こります。

顧客の声を聞くだけ聞いて、結局そのまま。こういった事例は、現場では意外と多く起こっているのです。せっかく顧客とのつながりを持ち、実際に声を届けていただいているのに、とてももったいない話です。

その点、ＡＩでは、顧客の声がどれだけ膨大であったとしても、必要なものを瞬時に、的確にピックアップすることができます。

これはステップ2でも触れますが、たとえ「数年前の顧客の声」であっても、商品開発や広告施策、プロモーション施策を打つうえでは大きな意味があります。

**顧客は何も、「新しいものだけ」を望んでいるわけではないからです。**

時代が目まぐるしく移り変わる中でこそ活きてくる、「数年前の顧客の声」も必ずあります。それらを「必要なときに、すぐに的確に」取り出すことができるのが、AIの長所です。

## 「決して忘れない」。これもAIの強み

「顧客の声を『活用できるデータ』として溜めることができる」という、AIを活用したコンタクトセンター最大の長所は、「営業マン代行」としての役割においても力を発揮します。

AIによって「顧客が本当に求めていることを引き出せる」というのは、すでにお話ししました。そして、これもステップ2で触れることですが、商品開発や広告施策、プロモーション施策を打つうえで役立つ情報はえてして、顧客との何気ない会話の中で生まれてくるものです。

多くの営業マンはそれを心得ていますから、顧客と対話を重ね、顧客の趣味嗜好を把握し、それをセールストークや販売促進策、商品改良に活かそうとします。

しかし人間は忘れる生き物です。忘れないようにメモをしたり、あるいは社内のデータベースに入力して誰かと共有したりしたとしても、人間である以上、必要な情報をピックアップしようとした際にどうしても、抜け漏れが起こりえます。

一度対話した顧客の情報を絶対に忘れず、「活用できるデータ」として溜めておけるのも、AIの利点です。

## AIを活用したコンタクトセンターは「5つの段階」を踏んで構築する

AIを活用したコンタクトセンターのメリットをおさらいしたところで、いよいよ具体的な構築ステップをたどっていくことにします。

構築ステップは、「5つの段階」に分けられます。

**段階⓪** AIを導入するにあたり必要な体制を整える

**段階①** AIを導入する「目的」を決める

**段階②** AIの「中身」をつくる

段階③ AIの「運用」を決める

段階④ AIを「開発」する

現実的には、AIを活用したコンタクトセンターをすべて内製するのは至難の業でしょう。専門知識を持った外部の企業に委託するのが一般的ではあります。

しかしそれでも、この流れを知っているか、知らないかでは、その仕上がりに雲泥の差が出ます。

次から、この「5つの段階」について、詳しく説明していきます。

# 段階0 AIを導入するにあたり必要な体制を整える

## 顧客の声を組織横断的にとらえる体制をつくる

AIを活用したコンタクトセンターをつくるには、「前提」を整える必要があります。**ここでいう前提とは、「顧客の声を組織横断的にとらえる体制をつくる」ことです。**

一口に「顧客の声」といっても、その内容はさまざまです。商品・サービスに対する問い合わせや意見、クレームはカスタマーセンター部門に上がってくるでしょうし、企業のSNSに書き込まれるコメントはデジタルマーケティング部門に上がってきます。

「企業の一部門に届いた顧客の声が、実はその部門だけでなく、ほかの部門にも有益であった」という事例のイメージ図

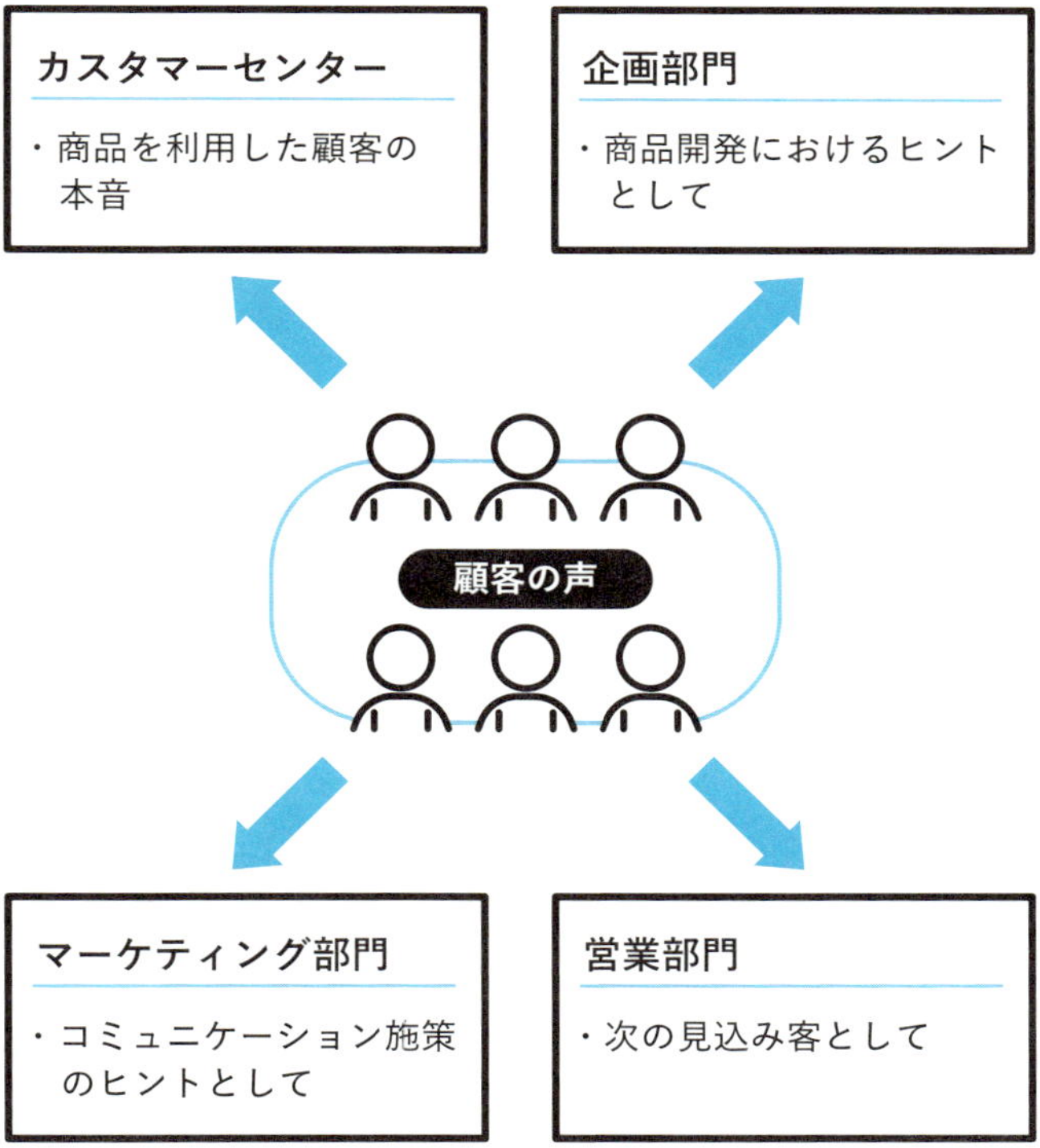

これら、各部門に上がってくるさまざまな声を、そのまま各部門が対応する体制のままでは、本当に「顧客の声を活かす」施策はとれません。

ある部門に届いた顧客の声が、実はその部門のみならず、自社のあらゆる部門に関係するものだった、という場合が意外に多いからです。

たとえば、カスタマーセンター部門で集約している顧客の声（問い合わせに届く声だけでなく、SNS上や口コミサイト等に寄せられる声）には、何を重視して商品を選択しているのか、競合商品を選択している理由は何か、など、商品を使用した顧客の本音が溢れています。

そういった声をカスタマーセンター部門が顧客対応としてだけでなく、企画部門やマーケティング部門とも連携し、商品開発やコミュニケーション施策のヒントに取り入れている例もあります。

このような声をこぼさないためにも、さまざまな部門に届く顧客の声をひとつにまとめて管理できる体制を整えることが大切です。

# 段階① AIを導入する「目的」を決める

## AIに対する複数の「要求」を整理する

段階①は、「AIを導入する『目的』を決める」です。

**当たり前の話ではありますが、何よりも先に「何のためにAIを導入するのか」を決めることが大切です。**

マーケティングのデータとして活用するために導入するのか、顧客とのエンゲージメント（つながり）を増やして自社や自社商品のファンになってもらうために導入するのか、顧客からの問い合わせの負担を減らすために導入するのか。目的の整理をしておかないと、AIの導入を外部企業に委託するにしても、その過程でどんどんブレていきます。

確たる目的がないままになんとなくのノリで導入しようとしたものの、途中で頓挫して稼働には至らなかったり、稼働したとしても短期的・限定的成果で終わってしまったりする事例は、枚挙に暇がありません。そうならないためには、はじめにやステップ0で確認してきたように、「顧客の声を集めることが大切である」と再認識し、「何のためにＡＩを導入するのか」を突き詰めることが必要です。

ＡＩを使ったコンタクトセンターは何を解決してくれて、顧客に対してどのような振舞いをするものなのか。何を答えてくれるものなのかを具体化させていくと、この後の段階②、段階③が自ずと見えてきます。

「企業がＡＩに求めるもの」は、複数出てきます。

せっかくＡＩを導入するのですから、あれもやってほしいし、これもやってほしいのです。ＡＩと顧客との対話をマーケティングのデータとして活用したいし、顧客とのエンゲージメントを増やして自社や自社商品のファンになってもらいたいし、顧客からの問い合わせの負担も減らしたい。と、ＡＩに対する要求が膨らんでいくのは、自然なことだといえます。

求めるものは複数あっても構いません。社内のありとあらゆる部門の、AIに対する要求をすべて洗い出し、優先順位を決めることが、「AIを導入する目的を決める」ことへとつながります。

AIの処理能力はとても高く、ありとあらゆる要求を解決してくれます。それはAIの大きな強みです。ただ同時に、AIは、「あれも大事」「これも同じくらい大事」と、優先順位の整理されていない要求を同時に突きつけられると、混乱します。だから、要求の優先順位を整理する必要があるのです。

**「AIは矛盾に弱い」これがAIの弱みになります。**

## AIは「矛盾」に弱い

「AIは矛盾に弱い」とは、どういうことでしょうか。

実は、同じ社内であっても、たとえば「広報部門とマーケティング部門と営業部門で、AIに求めるものが矛盾する」といったような、複数の部門間の利害が食い違うことはよく起こります。

広報部門はＡＩに対し「顧客から問い合わせが来たら、絶対に間違いのない内容を的確に答えてほしい。こちらからも間違いのない商品情報をただ伝えてくれればそれでよい」と考えます。しかしマーケティング部門はＡＩに対し「顧客のライフスタイルを聞き出してほしい」と考えます。加えて、営業部門はＡＩに対し、「どんどん商品を売り込んでほしい」と考えます。

これらを「同じくらいにとても大事なこと」とＡＩに押しつけたら、ＡＩはバグを起こします。顧客からの問い合わせが来たときに、「どの部門のどの要求を最優先で叶えればいいのか」がわからず、混乱してしまうのです。

バグを防ぐためには、あらかじめ社内で、「最優先は、広報部門の要求である『顧客から問い合わせが来たら、絶対に間違いのない内容を的確に答え、こちらからも間違いのない商品情報をただ伝える』こと。その中で対話が続いたら、営業部門の要求である『商品購入への誘導』へとつなげる。マーケティング部門の要求である『顧客のライフスタイルの把握』は優先順位を落とす」といった整理が必要になってきます。

「複数部門の要求で混乱を起こすＡＩ」のイメージ図

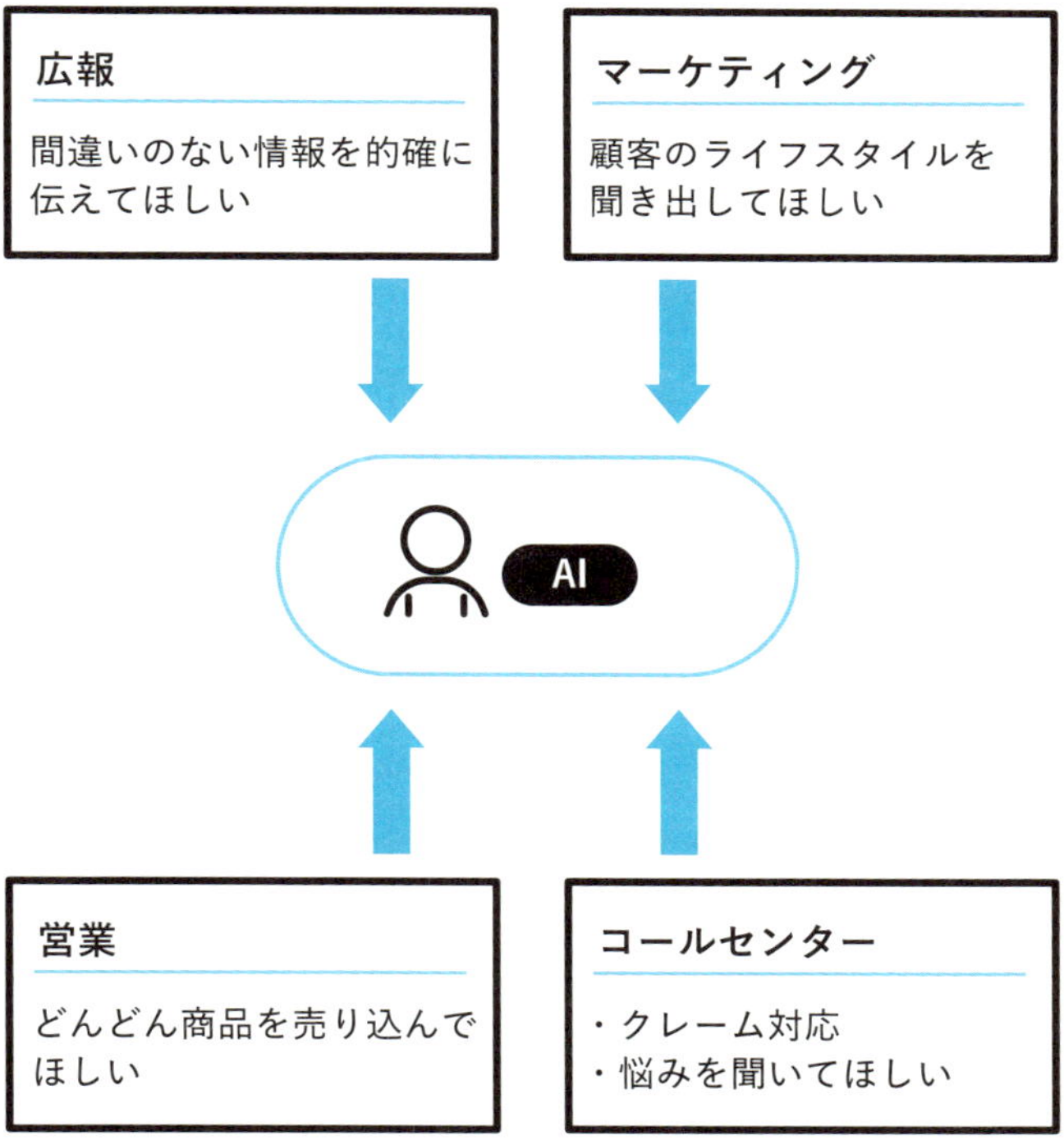


部門によって（ときには同じ部門にあっても）ＡＩに求めるものが異なるので、あらかじめ想定しておく

矛盾は、同じ部門内の要求でも起こりえます。

すでにコンタクトセンターを持っている場合の「コンタクトセンター部門」について考えてみましょう。

コンタクトセンターといっても役割はそれぞれで、顧客からのクレームに対応するコンタクトセンターもあれば、顧客の悩みを聞いたり、相談を受けたりしながらより自社のことを好きになってもらい、ロイヤリティを高めてもらうためのコンタクトセンターもあります。セールスを行うためのコンタクトセンターもあります。

**これらの役割を、すべて「同じくらいに大事」とAIに押しつけると、AIは混乱を起こします。**AIが「顧客に対してどのようにふるまうべきか」がわからないからです。

「AIを活用したコンタクトセンターは、何のために導入するのか」を明確にすると、AIに要求することの優先順位が整理され、AIを導入し、運用していく中でのブレも少なくなります。

# 段階② AIの「中身」をつくる

## AIの「中身」は、大きく3つに分けられる

AIを導入する目的を固めたら、続いてAIの「中身」をつくっていきます。これが段階②です。

AIの中身は、次の3つに分けられます。

- ふるまいのルール
- 知識
- UI／UX

それぞれ見ていきましょう。

## AIの「ふるまいのルール」をつくる

AIに「営業マン」として商品を売り込む役割を与えるのか、それとも「広報」として商品の案内に徹する役割を与えるのか、あるいは「マーケティング担当」として、顧客のライフスタイルを聞き出す役割を与えるのか……といったように、AIにどのような役割を与え、顧客に対してどのようなふるまいをするかを決めます。

AIの役割を定めながら、AIが顧客とどのような会話をしていくのかを詰めます。

## AIの「知識」をつくる

AIに与えた役割を十分に果たしてもらうために、どのような知識を与えるのかを決めます。

AIに知識を教え込むには、あらかじめその知識を文書化しておく必要があります。

自社や商品の紹介、自社のミッションやビジョン、自社や商品に関する「よくある質問（FAQ）」といったものは、すでにウェブサイトやパンフレットなどのために文書化されていることが多いかもしれません。

**しかし中には、「AIに教えたいけど、文書化されていない知識」もたくさんあるはずです。**

たとえば、「社内のトップ営業マンが大切にしている『営業のツボ』」のような、貴重でありながら属人的な知識がこれに当てはまります。

AIに「営業マン」としての役割を求める場合、「社内のトップ営業マンが大切にしている『営業のツボ』」は、ぜひとも知識として身につけてもらいたい重要な情報です。

そもそもどのタイミングで顧客と接触するのか。接触の頻度はどれほどなのか。まずは何を話すのか。何をきっかけに「雑談」から「商談」へと移行するのか。商談ではどのようにプレゼンし、どのようにクロージングするのか。アフターフォローはどうしているのか――こういった、一営業マンの経験として蓄積されている情報を、可能な限り文書化することが、AIに知識として教え込むためには必要不可欠となります。

社内にある、「有益だけど、文書化されていない知識」をいかに多く文書化できるかが、より精緻なＡＩをつくるためには大切になってきます。

## ＵＩ／ＵＸ

ＵＩとは「User interface（ユーザー・インターフェイス）」、ＵＸとは「User Experience（ユーザー・エクスペリエンス）」の略で、一言でいえば**「顧客がどのような接点でどのようにＡＩに接するか」**です。

たとえば「ウェブサイトがいいのか、ＬＩＮＥがいいのか、それともほかのＳＮＳがいいのか」といったことを決めます。

「できるだけ対話しやすい形式が望ましい」という意味では、一般的なウェブサイトより、ＬＩＮＥをはじめとするＳＮＳのほうがおすすめです。

ＳＮＳの中では、やはりＬＩＮＥが最も強力な手段です。ユーザー数がほかのＳＮＳに比べて圧倒的に多く、誰もが使い慣れているアプリであることがその理由です。顧客から

## AIの「中身」を構成する3要素（ふるまい、知識、UI／UX）

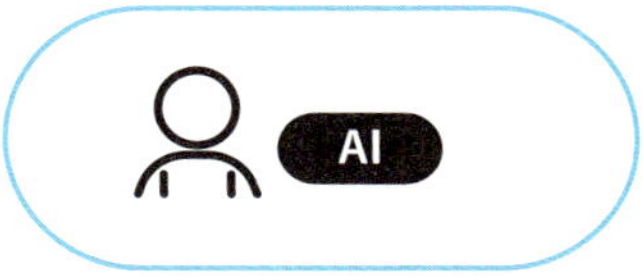


### ① ふるまいのルール

…ＡＩにどのような役割を与え、
顧客に対してどのようなふるまいをするかを決める

### ② 知識

…ＡＩに与えた役割を十分に果たしてもらうために、
どのような知識を与えるのかを決める

### ③ ＵＩ／ＵＸ

…顧客がどのような接点でどのようにＡＩに接するか
を決める

してみても、最も抵抗感なく対話をしやすいアプリがＬＩＮＥであるといえます。

ただ、企業によっては、「ＬＩＮＥが使いやすいアプリであることはわかるけれど、ウチは自社のウェブサイトに訪れてくれた顧客に向き合いたいんだ」という要望もあることでしょう。その場合はウェブサイトを起点に、対話のしやすい画面設計や導線を考えていくことになります。

いずれにしても、「ＡＩを使って、どのような接点で顧客と向き合うのか」を煮詰めていくのが「ＵＩ／ＵＸ」という観点です。

「ふるまいのルール」「知識」「ＵＩ／ＵＸ」を固めることで、ＡＩの中身がつくられます。

続いて次項では、ＡＩの「運用」を考えていきます。

# 段階③ AIの「運用」を決める

## 「運用体制」を整える

段階③では、AIの運用を決めていきます。

**AIを活用したコンタクトセンターはもちろん、「つくっておしまい」ではありません。**

「AIはちゃんと対話をしてくれているのだろうか」と日々チェックし、事実と違ったことをAIがしゃべってしまっているようならば新たに正しい知識を教え込む、といったようなメンテナンスが必要になります。

サーバをどこに置き、誰がいつ管理するのかを明確にする。問題が起きたときには、その問題に応じてしかるべき部門が即座に対応する。こういった運用体制を、ＡＩをつくる前にあらかじめ整えておきます。

## 「セキュリティ要件」をつくる

**社内の運用体制と同時に、セキュリティ要件についても詰めておく必要があります。**

「社外に出せる情報と出せない情報を定義し、社外に出せない情報は、ＡＩに教えない」という明確な基準が、このセキュリティ要件です。

セキュリティ要件をつくらないと、社外秘の情報をＡＩがペラペラとしゃべってしまい、それが全世界に広まってしまう、というとても恐ろしいことが巻き起こりかねません。

# 段階④ AIを「開発」する

## 「システム開発」をする

段階③までを固めたら、いよいよ開発へと進みます。

開発に関しては、専門知識を持った外部企業に委託するケースがほとんどでしょう。詳細はとても込み入ってしまいますが、「文書化されたさまざまなデータのうち、どれをAIに渡すのか」を決め、その渡し方（データのつなぎ方）を設計するのが「開発」という段階になります。

すでにコンタクトセンターを持っている企業が、新たに「AIを活用したコンタクトセンター」をつくるとなると、既存の顧客データとどう紐づけるのかがひとつ、大きなテーマとなります。これらも勘案しながら「データのつなぎ方」を考え、進めていくのが「開発」というフェーズです。

## 「テスト版」をつくる→実際の運用へ

開発を終えたら、まずは「テスト版」をつくり、ＡＩが正しく機能するかを確かめます。

一定期間、テスト版を運用して、社内の各部門の動きを慣らしながらＡＩに不具合が起きないかをチェックします。

そして問題がなければ、「ＡＩを活用したコンタクトセンター」が公の場で動き出すことになります。

# AIを活用したコンタクトセンターが「強力なデータ基盤」となる

## コールセンター、顧客データベース、マーケティングはこう変わる

AIを活用したコンタクトセンターを運用することにより、3つの「劇的な変化」が起こります。

**1つ目は、コールセンター機能の変化です。**

すでにコールセンターを持っていた企業も、持っていなかった企業も、「顧客と向き合う」こと自体はこれまでに行ってきたことでしょう。

ただ、「一度にたくさんの顧客と向き合う」となると、取りこぼしてしまう顧客も多かったのではないかと想像します。

しかしこれからは、ＡＩを活用することにより、たくさんの顧客と、「1対1」で対話することが可能になります。

問い合わせやクレーム対応はもちろん、一人ひとりの顧客に合わせた提案や、自社ブランドが考えている内容の発信も、ＡＩが最善のタイミングで行ってくれるのです。

結果として、顧客のロイヤリティは今まで以上に高まり、継続的な購買や利用につながります。


**2つ目は、顧客データベースの変化です。**


ＡＩが顧客と対話することにより、たくさんの対話データが溜まっていきます。

これまでも、性別や年齢、購入時期といった基本情報は把握できていたかもしれません。しかしこれからはそれ以外の、たとえば「暖色系の服が好き」「シンプルなファッションが好き」といったような顧客の趣味嗜好まで対話を通じてつかむことができるようになります。

これまでに持っていた基本情報に加え、より個人的な情報もつかめるようになりますか

## AIを活用したコンタクトセンターによる3つの変化

| | 起こる変化 | 概要 |
|---|---|---|
| 1 | コールセンター機能の変化 | ・顧客一人ひとりとさまざまな対話ができるようになる。Q&A対応、顧客の不満の受付、顧客へのご提案、自社ブランド側が考えている内容の発話、それぞれの顧客への感謝のお伝え、特別なキャンペーンの実施等、人的・資金的な面で不可能だったことが可能に。顧客のロイヤリティをあげる仕組みが大きく変わる。 |
| 2 | 顧客データベースの変化 | ・従来持っていた顧客データ（性別や年齢、購入時期 etc.）に、やりとりした顧客との対話内容、顧客へのアンケート内容が数学的に処理できる嗜好性の数値として付加。<br>・Cookie規制後、プラットフォーマーのデータと結合することなく、顧客の特性を分析する基盤をつくることが可能に。 |
| 3 | マーケティング機能の変化 | ・新しい顧客データ基盤で、対話で生まれた「顧客の本音」のデータと、顧客の行動データを掛け合わせ分析が可能に。顧客の不満から対応する業務改善提案、商品の改良・開発、新規顧客へのアプローチ提案など、さまざまなマーケティングへの活用が可能になる。 |

ら、企業から顧客に行う提案の精度も高まります。

**3つ目は、マーケティング機能の変化です。**

これまでは「自社商品を買ってくれたか、買ってくれなかったか」「自社サイトを見てくれたか、見てくれなかったか」といった「顧客の行動」でしか判断できなかったのですが、これからは「なぜ買ってくれたのか」「なぜ買ってくれなかったのか」といったような、これまでは見えなかった「顧客の本音」が見えるようになります。

その「顧客の本音」を踏まえて、商品を改良したり、新たな顧客にアプローチしたりすることができるようになりますから、マーケティング上も大きなプラスになります。

## コンタクトセンターを「導入」するとどうなるか

ここでAIを活用したコンタクトセンターを導入するとどうなるかを4つの例で見ていきましょう。

たとえば、食品メーカーで考えてみましょう。すでに顧客との接点としてチャットボットを活用してはいるのですが、「ただ商品を売り込むだけ」という使い方に終始していたとします。ここにＡＩを活用したコンタクトセンターを導入することで、「献立やレシピの提案」「顧客の好みや家族構成を聞いたうえでの商品提案」「味の感想や意見などの情報収集」といった新たな取り組みができるようになるでしょう。

化粧品メーカーの場合も同様です。美容に関するよろず相談を受け付けられるようになり、顧客の悩みに寄り添った商品提案が可能になります。

家電機器メーカーは、従来は「売っておしまい」というところがありましたが、顧客のサポートを行えるようになり、別の商品の購入にもつながるようになるでしょう。

流通小売業においては、問い合わせ窓口としてコンタクトセンターを導入することで、顧客の顔が見える接客ができるようになるでしょう。

このように、業種を問わず導入でき、確実にプラスに働くのが、ＡＩを活用したコンタクトセンターのポイントです。

ＡＩを活用したコンタクトセンターで何ができるか

## Case 1.　食品メーカーの場合

■商品を使った献立・レシピ提案
■好みや家族構成などを加味した商品提案
■味の感想や意見など情報の取集　など

## Case 2.　化粧品メーカーの場合

■美容に関するよろず相談
■自分に合った商品選びのサポート
■肌の悩みなどの顧客情報の取得　など

## Case 3.　家電機器メーカーの場合

■使い方のサポート
■顧客の使用状況など顧客情報の取得
■エラーの改善方法を解決　など

## Case 4.　流通小売り業の場合

■顧客からの問い合わせ窓口
■会員アプリやポイント制度の利用促進
■店頭での案内役　など

ステップ2

# LLMを活用した対話で顧客のロイヤリティを向上させる

# コミュニケーションの垣根が下がれば「顧客の本音」が引き出せる

## これまで、企業に声を届ける人は「少数派」だった

**ステップ2では、顧客との対話を増やし、自社や自社商品へのロイヤリティを高めてもらう方法を考えていきます。**

消費者の大多数は、「商品を買ってもレビューを書いたことがない」「アンケートにも答えたことがない」「とくに用事がなければ企業とはコンタクトをとらない」という人たちです。

よほどの悪徳企業でなければ、顧客の8割ほどは「自社の企業活動にとくに不満はない」人たちで構成されています。そしてその8割の人たちは、まさに「自社の企業活動にとくに不満はない」がために、わざわざ自社に対して声を届けることはしないのです。

声を上げるのは、2割の少数派。その少数派の中のさらに少数であるネガティブな意見に右往左往しているのが多くの企業の現実で、「これは本当に正しいことなのだろうか」という議論は、マーケティングの現場ではよく起きています。

「自社に届いた声に応えようと、商品やサービスに変更を加えた結果、自社の企業活動に満足してくれていた8割の人の中から『なんで変えちゃったんだ。前のほうがよかったのに』という声が届くようになった」という例も、実際にあります。これが今までのマーケティングの限界だったのです。

だからこそ、マーケティング担当者の中には「1to1マーケティングなんて、しょせんは絵に描いた餅」と、あきらめてしまっている人もいます。

しかし、AIを活用したコンタクトセンターを構築すると、「今までのマーケティングの限界」はいとも簡単に突破できます。

今までは声を届けてくれなかった「自社の企業活動にとくに不満はない」8割の人の声

も、吸い上げられるようになるからです。

人は誰でも、よく知らない人に本音を話すのは抵抗があるものです。でも、たくさんのコミュニケーションを重ねて親しくなった相手には、本音をさらけ出すことができます。

同じように、単なる「企業アカウント」から送られてくるメッセージに、わざわざ返信して本音を伝える人は稀ですが、親しみの持てるＡＩ相手ならば、コミュニケーションを重ねるうちに、人は本音をさらけ出してくれるようになると私たちは考えます。

## 「商品と関係のない話」にも付き合い、コミュニケーションの垣根を下げる

顕著な例として、ステップ０でご紹介したコーダイくんに登場してもらいます。

再度説明すると、「コーダイくん」とは、大広ＷＥＤＯが提供しているシステムをもとに開発したＡＩです。大広ＷＥＤＯがオーダーメイドのビジネスウェアブランドであるFABRIC TOKYOの協力を得て実現した、顧客との自動対話プログラムの実証実験のために開発されました。

81ページに挙げるのは、顧客とコーダイくんが行っていたトークの抜粋です。

## 対話履歴 1

### ▼実際の会話内容を抜粋｜雑談

| | |
|---|---|
| User | 今日は博多に泊まっています |
| AI | 博多での滞在はいかがですか？　何か特別な予定やお出かけの予定はありますか？ |
| User | 仕事での出張なんです |
| AI | そうなんですね、出張お疲れ様です。博多での滞在がスムーズに進んでいるといいですね。何か困ったことや質問があれば、気軽に聞いてください。 |
| User | 酔いを覚ますにはどうしたら良いですか？ |
| AI | 酔いを覚ますには、水を飲んだり、軽い運動をしたりすると良いですよ。また、新鮮な空気を吸うことも効果的です。ただし、お酒の摂取量や体調によっては、休息が必要な場合もありますので、無理せずに体を休めることも大切です。 |
| User | ありがとうございます |
| AI | どういたしまして！　お役に立てて嬉しいです。他に何か質問やご要望がありましたら、お気軽にお聞かせくださいね。 |

※実際の会話をもとにチューニングしたもの

顧客側が「今日は博多に泊まっています」とコーダイくんに話しかけるところから始まっています。それに対しコーダイくんは「博多での滞在はいかがですか？　何か特別な予定やお出かけの予定はありますか？」と質問を投げかけ、顧客は「仕事での出張なんです」と返しています。

さらにコーダイくんが「何か困ったことや質問があれば、気軽に聞いてください」と呼びかけると、顧客は「酔いを覚ますにはどうしたら良いですか？」と質問しています。どうやら顧客は、お酒に酔っているようです。

コーダイくんはオーダーメイドのビジネスウェアブランドであるFABRIC TOKYOの「LINE上の店舗スタッフ」として、初めてFABRIC TOKYOのビジネスウェアを買ってくれた顧客を「2回目の購買」へといざなうことを目的に開発されました。

しかしこの顧客との会話では、ここまで、ビジネスウェアに関する話は一切出てきていません。どちらかといえば、酔った顧客の相手をしているだけです。

でもそれでいいのです。顧客に「コーダイくんが身近にいる」「コーダイくんには何でも話せる」と感じてもらうことが、まずは重要です。

85ページのトークは、また別の顧客との会話です。
「風邪をひき寝込んでいます。今日はクリスマスなのでおしゃれをして出かけたかったのですが、早く治したいので、家でゆっくり寝たいと思います。コーダイくんも、良いクリスマスをお過ごし下さい」と、顧客自身のことを話しつつ、コーダイくんのクリスマスも気にかけてくれています。これに対しコーダイくんも、顧客の体調と気持ちを案じる言葉を返しています。

81ページのトークも85ページのトークも、仮に人間が対応していたとしたらどうでしょう。

ともすればどちらも、「問い合わせ窓口に、ビジネスウェアと関係ない個人的な会話を持ち込んでくる、迷惑な顧客だな」と感じながらの対応になったかもしれません。

あるいは顧客の側が、「こんなこと人に話すことではないよな」と躊躇し、トーク自体が生まれなかったかもしれません。

どちらのトークも、ＡＩが相手だからこそ生まれ、ＡＩが相手だからこそ対応できているといえます。

そして事実、コーダイくんを使った4カ月にわたる実証実験の結果、どちらの顧客も、満足度として最高ランクをつけてくださいました。

ＡＩだからこそ、「なんとなく」で話しかけてしまう。ＡＩだからこそ、本筋と関係ないことも遠慮なく話してしまう。

ＡＩを導入してコミュニケーションの垣根が下がることで、人は企業を身近に感じるようになり、ロイヤリティの向上や継続購入につながっていく。

FABRIC TOKYOでの実証実験では、ＡＩを活用したコンタクトセンターにこのような効果があることを教えてくれました。

## 対話履歴2

### ▼実際の会話内容を抜粋 | 雑談

| | |
|---|---|
| User | 風邪をひき寝込んでいます。 |
| AI | お大事になさってください。風邪の時は家でゆっくり休んで、体力を回復させるのが一番です。<br>何か他にサポートできることがあればお知らせくださいね。 |
| User | 今日はクリスマスなのでおしゃれをして出かけたかったのですが、早く治したいので、家でゆっくり寝たいと思います。コーダイも、良いクリスマスをお過ごし下さい。 |
| AI | クリスマスにおしゃれを楽しむ予定だったのに、風邪でお休みされるのは残念ですね。<br>コーダイもお客さまの早い回復をお祈りしています。<br>良いクリスマスをお過ごしくださいね！ |

※実際の会話をもとにチューニングしたもの

# 役に立つ「顧客の声」とは、どんな声なのか

## 「大絶賛の褒め言葉」は、実はそんなに役に立たない

「顧客の声」と一口にいっても、中身は多種多様です。企業活動の役に立つ声もあれば、そんなに役に立たない声もあります。

企業はどのような「顧客の声」を活かすべきなのか、ここで整理しておきます。

まずは、「役に立たない声」から見ていきましょう。

**（役に立たない声① 感情的な罵詈雑言）**

単なる感情的・暴力的な罵詈雑言は、真っ先に「役に立たない声」の例として挙げられ

るものです。顧客の声ではあるものの、捨ててしまって問題ありません。

ただ、役に立たない声ではあっても、人間が対応し、実際に聞くとなると、それなりにダメージを受けてしまう場合もあります。

「捨ててしまって何の問題もない声」であるとわかっていても、罵詈雑言に直面している本人としては、そう簡単に割り切れるものではありません。

その点、AIならば、何のダメージも負わずに、相対し、処理することができます。そのタフネスぶりは、人間の比ではありません。


**（役に立たない声②　自社商品・サービスとは関係ないクレーム）**


たとえば、ECで自社商品を販売したとします。

「届いた商品が壊れていた」というクレームがあったとしたら、自社の発送に問題があるケースも考えられますから、真摯に聞かなければなりません。

ただ、「自分が指定した時間に商品が届かなかった」というクレームがあったとしたら、それは残念ながら、（多くの場合は）物流会社さんなど別の会社の問題です。

このようなクレームも、役に立たない声の一例に挙げられます。

（役に立たない声③　自社や自社商品をひたすらベタ褒めするコメント）

自社や自社商品をベタ褒めしてくれるのは嬉しいものですし、ありがたいものです。聞いていて、とても心地よくなります。

しかし、「嬉しい」「ありがたい」「心地いい」という感情と、「役に立つか、立たないか」という情報はまったくの別物です。

「この顧客は、自社や自社商品をとても気に入ってくれている」というデータは溜めつつも、「声を活かそう」とは考えなくてもよいでしょう。

## 「合理的でない声」が、実はとても役に立つ

それでは、「役に立つ声」についても見ていきましょう。

（役に立つ声①　耳の痛い声）

役に立たない声として挙げた罵詈雑言などは、溜めておく必要のない声ですが、中には「厳しい内容をちりばめながら、実は貴重なご意見をくださっている」場合もあります。

顧客は怒りの中にあり、言葉は感情的になってしまっているものの、その内容は、「耳の痛い」ものでありながら、実は企業として聞くべきものであった、というケースです。たとえば、「商品を購入するときに年齢も伝えている。それなのに、自分よりもかなり上の年齢に向けた商品を提案してくるというのは不愉快だ」といったような声がそれに当たります。

このような声は、捨てずに蓄積していくべきです。ステップ3で詳しく解説しますが、AIは、「罵詈雑言交じりの顧客の声」から、「罵詈雑言だけを取り除き、役に立つ部分だけを蓄積する」といった取捨選択ができます。感情的な顧客に相対しても、冷静に「役に立つ部分」だけを抽出し、溜めておくことができるのです。

### （役に立つ声②　リアルでは上がりにくい声）

顧客とAIの会話の中では、リアルの店員との会話では話題に上がらないような、「**リアルでは上がりにくい声**」が届くことがあります。

そしてその声が、実際の商品開発に活きる場合もあります。

FABRIC TOKYO の協力を得て行った実証実験からの紹介です。

ある顧客のコーダイくんへの質問に以下のようなものがありました（すべて同じ方）。

「背の低い人におすすめのコーディネートは？」

「背が低い人のチノパンコーディネートについて教えて」

「背の低い人におすすめの冬用アウターは？」

こちらの顧客の真意はわかりませんが、背が低いという点を意識していることはよく伝わります。もしかしたら背の低いことを気にしており、自分に合う洋服探しにいつも苦慮しているのではないでしょうか？

そして想像してみてほしいのですが、リアルの店頭では顧客はこのようなはっきりとした聞き方をあまりしないのではないでしょうか？　リアルの店員に対してなら、何となく濁してしまう質問も、ＡＩの店員だったら気にせずはっきり聞けてしまうことがあると思いませんか？　ＡＩだからこそコミュニケーションの垣根なく、「顧客の本音」を聞き出すことができるのです。

この「顧客の本音」を発見することで、「背の低い人用コーディネート」をマーケティングの切り口として商品開発やプロモーションに活かすことができるのです。

ちなみに、この顧客の質問に対するコーダイくんの回答は以下のようなものでした。

「身長に自信を持っていただけるよう、スリムフィットのスーツやパンツをおすすめします。また、モノトーンや縦ストライプのコーディネートは、身長を高く見せる効果がありますので、ぜひお試しください」

コーダイくんも、顧客の本音、しっかり察しています。

## AIだからこそ、「隠れた本音」が届きやすい

「売れるものをつくる」という目的のもとに議論を始めると、どうしても「売れなそうなものを提案したくない」という意識が働きますから、自然と「提案の分母」は小さくなります。

**しかし顧客は、「売れるものをつくる」という目的の外にいる、ある意味無責任な存在ですから、遊び心や本音で合理的でない声をどんどん届けてくれます。**

「こんなこと、会議の場で言ったら恥ずかしいな」と思うような提案が、雑談の中で次々に生まれるのです。

そのような声に、人間がその都度対応するとなるとコミュニケーションの垣根が上がりますが、ＡＩならば顧客も企業も、お互い気軽にやりとりできます。結果、有益な声も届きやすくなるのです。

「役に立たない声」3パターン
「役に立つ声」2パターン

**役に立たない声**

1 感情的な罵詈雑言

2 自社商品・サービスとは関係ないクレーム

3 自社や自社商品をひたすらベタ褒めするコメント

**役に立つ声**

1 耳の痛い声

2 リアルでは上がりにくい声

# 「過去の対話履歴」や「商品購入履歴」を活かす

## 顧客に「自分のことをわかってくれている」と感じてもらう

たとえばあなたが、3カ月前に淡いグレーのスーツを買った同じ店で、またスーツを買うとします。

このとき、店員さんから「いらっしゃいませ。当店は初めてですか？　淡いグレーのスーツはいかがでしょう」と言われるより、「また来てくださったのですね。3カ月前はご購入ありがとうございました。前回は淡いグレーのスーツをご購入でしたね。今日はどのようなご用命ですか？」と言ってもらったほうが、満足度は高まるでしょう。

一度会話を交わしたり、商品を購入したりしたら、人はお店に対し、「自分のことをわかっていてほしい」と思うのです。

逆に考えたらそれは当然のことで、会話したり、商品を購入したりしたのに相手がそれを覚えていなかったとしたら、「しょせんはその場しのぎの上辺だけの営業トークだったのか」「自分はそんなに大事な客じゃないのか」と感じることでしょう。

「相手は自分のことをわかってくれている」と感じると、企業に対する顧客のロイヤリティは高まっていきます。

**膨大な量の顧客データや、顧客との対話履歴、商品購入履歴を忘れることなく、次回の商品提案に活かせるのが、AIの強みです。**

97ページの図は、AIを活用したコンタクトセンターを導入すると、顧客との対話がどう変わるのかを示したイメージ図です。

具体的には、すでにかなり普及しているChatGPTを使います。そのうえで、ChatGPTに企業情報や商品の情報、ブランド人格（次項で説明します）、顧客一人ひとりの情報を提供します。

すると、「その企業」に特化した、常に顧客と1 to 1でつながることのできる「スーパー営業マン」ができあがります。

まさに、FABRIC TOKYOとの実証実験でのコーダイくんのように、一見の顧客を「2回目の購買」、さらには「継続的な購買」へとつなげ、長期的な優良顧客へと育てる「スーパー営業マン」の誕生です。

## 顧客との「深い対話」を実現する

「ステップ0」でも触れたことですが、初めて自社商品を購入した一見の顧客に気に入ってもらい、「2回目の購買」をしてもらうのは、とても大切なことです。

1回買っただけの顧客が2回目も買ってくれるとは限りませんが、2回買った顧客は3回、4回と買ってくれ、長期優良顧客となる可能性が高まるからです。

そのためには、「豊富な商品知識を持つ」「顧客からの質問に的確に答える」ことも重要ですが、その前にまず「一度購入してもらえたことや、その際に交わした会話を覚えていて、それを踏まえた会話ができる」ことが何よりも重要となります。

## AIを活用したコンタクトセンターによる顧客との対話

言語生成AIに、企業・ブランドらしさである「ブランド人格」や企業情報・商品情報に加え、顧客のユーザー情報や対話データを活かすことで、企業・ブランドらしさを反映させたコンタクトセンターが、顧客と1to1で対話する。

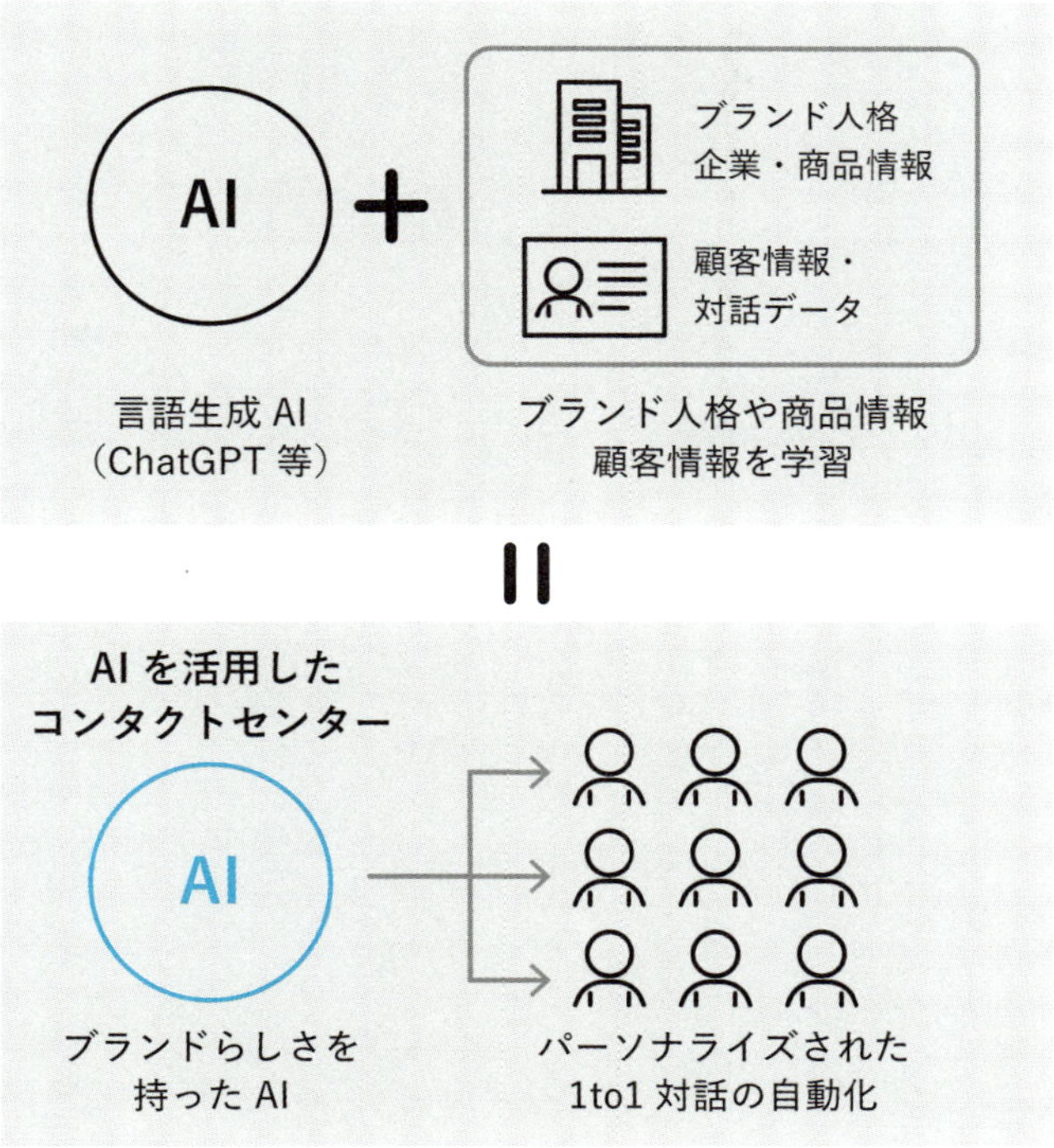

自動で返答するチャットボットを活用したコンタクトセンターを使っている企業もすでにありますが、その多くが、「顧客から質問が来たら回答する」「また次の質問が来たら回答する」というような、一問一答形式に終始しています。

しかしこれでは、会話のラリーにはなりません。

人間同士でも、こちらが質問したことに相手が答えるだけでは、会話は盛り上がりませんし、話していても張り合いがないでしょう。

大切なのは、今までのやりとりを踏まえ、顧客に「自分のことをわかってくれている」と感じてもらう会話をすることです。

そのためには、97ページで紹介した図のように、自社や自社商品の状況だけでなく、顧客の商品購入情報やウェブサイトへのアクセス情報、これまでの対話履歴といった「顧客の行動情報」もＡＩに学ばせる必要があります。

そうすることで「一問一答」で終わらない、顧客との「深い対話」が実現できます。

## AIを活用したコンタクトセンターによる顧客との対話

**大きな2つの特徴として
「ブランドらしさの体現」「パーソナライズされた対話」を
実現する仕組みがあります。**

### ブランドらしさの体現

そのブランドらしさを
「精神」「知識」で体現する。

精神：そのブランドの特徴を踏まえて自然に回答できる。
知識：企業、商品／サービスなどの知識を正しく回答できる。

### パーソナライズされた対話

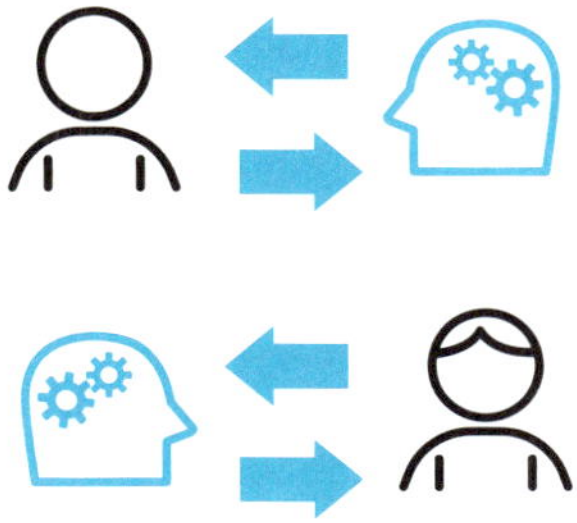

ユーザーの属性や過去の対話履歴に応じて、そのユーザーにパーソナライズされた対話を提供する。

**この2つの特徴により
1 to 1コミュニケーションを実現します。**

# 「企業ブランド」を考慮した回答を作成する

## 「ブランド人格」をAIに込める

顧客のロイヤリティが高まると、自社の商品を継続して買ってもらえるようになります。ロイヤリティを高めるためには、自社の商品を気に入ってもらうのも有効ですが、それよりも効果が高いのが**「自社そのものを好きになってもらう」**方法です。

自社のことを好きになってもらうためには、自社のことをわかってもらう必要があります。

ただ、むやみやたらと一方的に自社情報を顧客に発信し、「さぁ、ウチの会社のことをもっと知ってくれ、好きになってくれ」と押しつけるばかりでは、かえって顧客は離れていってしまうでしょう。

「自社らしさ」は、AIによる対話の仕方やふるまい、回答の内容によって表現していきます。といっても、決して奇をてらったものをつくるわけではなく、「この企業ブランドだったら、こういうふるまいをするよな」「こういう回答をするよな」といったものをAIに込めていくことになります。

これを私たちは、**「ブランド人格」**と呼んでいます。

「ブランド人格」とは、言い換えれば「企業を人間に置き換えると、どんな人なのか」ということです。

人格の定義の仕方はいろいろあるのですが、その内容は多岐にわたります。

たとえば、企業は顧客にとってどのような存在でありたいのか、何を大切に考え、何を顧客に提供するのか、というような企業の主義・価値観。これに基づき、一人称は「ぼく」なのか「わたし」なのか「わたくし」なのか。真面目なのかくだけているのか、というようなAIのペルソナ。最後に、顧客の悩みや要望をできるだけ聞き出し、適切なアドバイスをすることで企業への信頼を高めるのか、あるいはできるだけ早く自社製品をすすめるのか、というようなＡＩの行動指針――こういった「ブランド人格」をあらかじめ定義しておくことで、ほかの企業とは異なる「その企業らしいＡＩ」をつくることができます。

## 「ブランド人格」と「顧客情報」を踏まえた会話はどうつくられるか

「ブランド人格」をどうＡＩに搭載するかをご理解いただくため、実例として、大広・大広ＷＥＤＯの商品である「Brand Dialogue AI®」を使って説明します。

「Brand Dialogue AI®」は、ChatGPTをベースとした対話ＡＩです。

ChatGPTに、自社のブランド人格や商品知識、顧客情報を教え込むことにより、顧客との対話を重ねながら、日々勉強を重ね、回答を生成していくことができます。

「ブランド人格」を教え込んでいますから、顧客からの質問に対し、A社はA社らしく、B社はB社らしく、C社はC社らしい回答をすることができるのです。

自社の企業知識や商品知識、顧客情報をＡＩの回答に反映させる仕組みを、私たちは

**「ダイナミックプロンプト」**と呼んでいます。

プロンプトというのは、AIに対する「指示文」のことを指します。ダイナミックプロンプトは、AIの世界でRAGと呼ばれるものを活用した技術のひとつです。

顧客から質問が投げかけられるたびに、その質問の意味を解釈し、回答するために必要な知識を企業知識や商品知識の中から探し、そのうえでこれまでの顧客との対話履歴や顧客情報を踏まえながら、最適な回答を生成する仕組みです。その都度指示の内容をダイナミックに変えていくことから、「ダイナミックプロンプト」と呼んでいます。これは、高速でカンニングペーパーを見て回答するようなものだとお考えください。

カンニングペーパーといっても、膨大な企業知識・商品知識があるだけでなく、顧客との対話も次第に増えていくので、それはそれで膨大な枚数になります。

これがあるからこそ、どんどん「企業のことをわかったうえで、顧客のこともよくわかっている会話」ができるようになります。

105ページの図を参照しながら、実際の動きを、より詳しく見ていきましょう。

顧客が「Brand Dialogue AI®」に「○○について教えて」と質問を投げかけます。

するとこの質問の内容を、「Brand Dialogue AI®」は数字に置き換えます（ステップ3で説明する「ベクトル化」という作業です）。

続いて、投げかけられた質問に答えるうえでいちばん近い知識を企業知識や商品知識の入ったデータベースから探し出し、用意します。そのうえで、過去の顧客との対話データや顧客自身のデータを踏まえ、その顧客からの質問に最適な回答をつくり出します。

**結果として、自社ブランドをしっかりと理解しつつ、顧客のことも理解している回答がつくられ、対話となっていくのです。**

## 「2種類のプロンプト」が折り重なる

ダイナミックプロンプトとはどのようなものなのか、「Brand Dialogue AI®」で使われているプロンプトを参考に、107ページに図を示しながらご説明していきます。

このプロンプトは、「固定プロンプト」と「動的プロンプト」の2種類で構成されています。101ページで説明した「ブランド人格」と呼ばれる企業の主義・価値観やAIの

## Brand Dialogue AI® の仕組み

商品について（企業、ブランドなども）と顧客についての情報（ID連携データ、対話履歴）を加味した対話を顧客や質問内容に応じてプロンプト（前提知識）を変更するダイナミックプロンプトという仕組みで実現

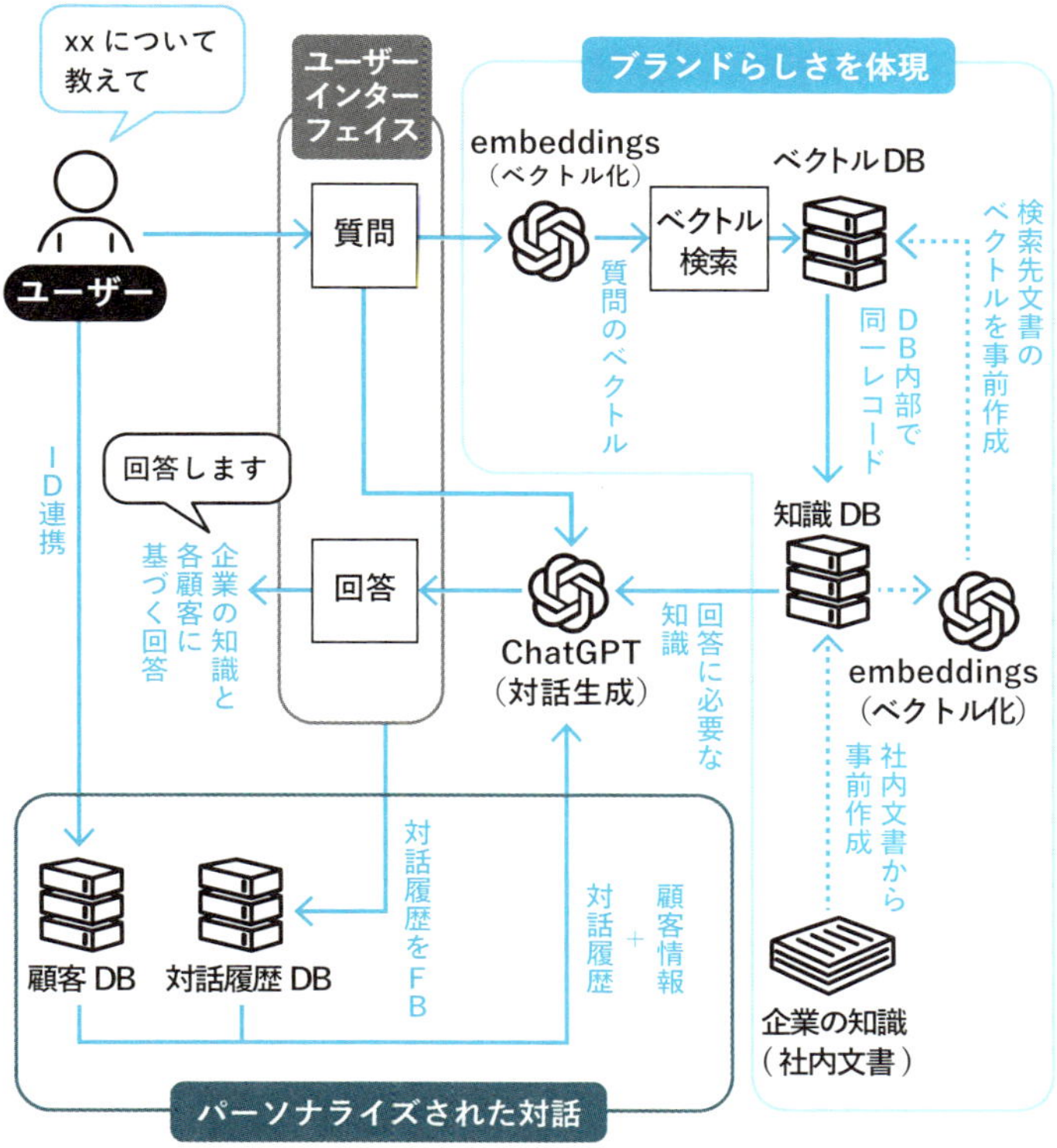

ペルソナや行動指針など、今後揺らぐことのない情報は「固定プロンプト」としてＡＩに埋め込みます。

一方で、回答するために必要な企業・商品知識や顧客との対話履歴といったものは、最新の知識と対話を踏まえ、「動的プロンプト」として質問のたびに最適な内容に差し替わる設計とします。

**「固定プロンプト」と「動的プロンプト」が組み合わさることにより、「深い対話」が実現できるのです。**

## ダイナミックプロンプトの内容（固定プロンプトと動的プロンプト）

Brand Dialogue AI® では、ブランド人格などの固定プロンプトに加え、知識やユーザー情報などのプロンプトを動的に入れ替えることで、ブランドとして顧客に合わせた対話を実現しています。

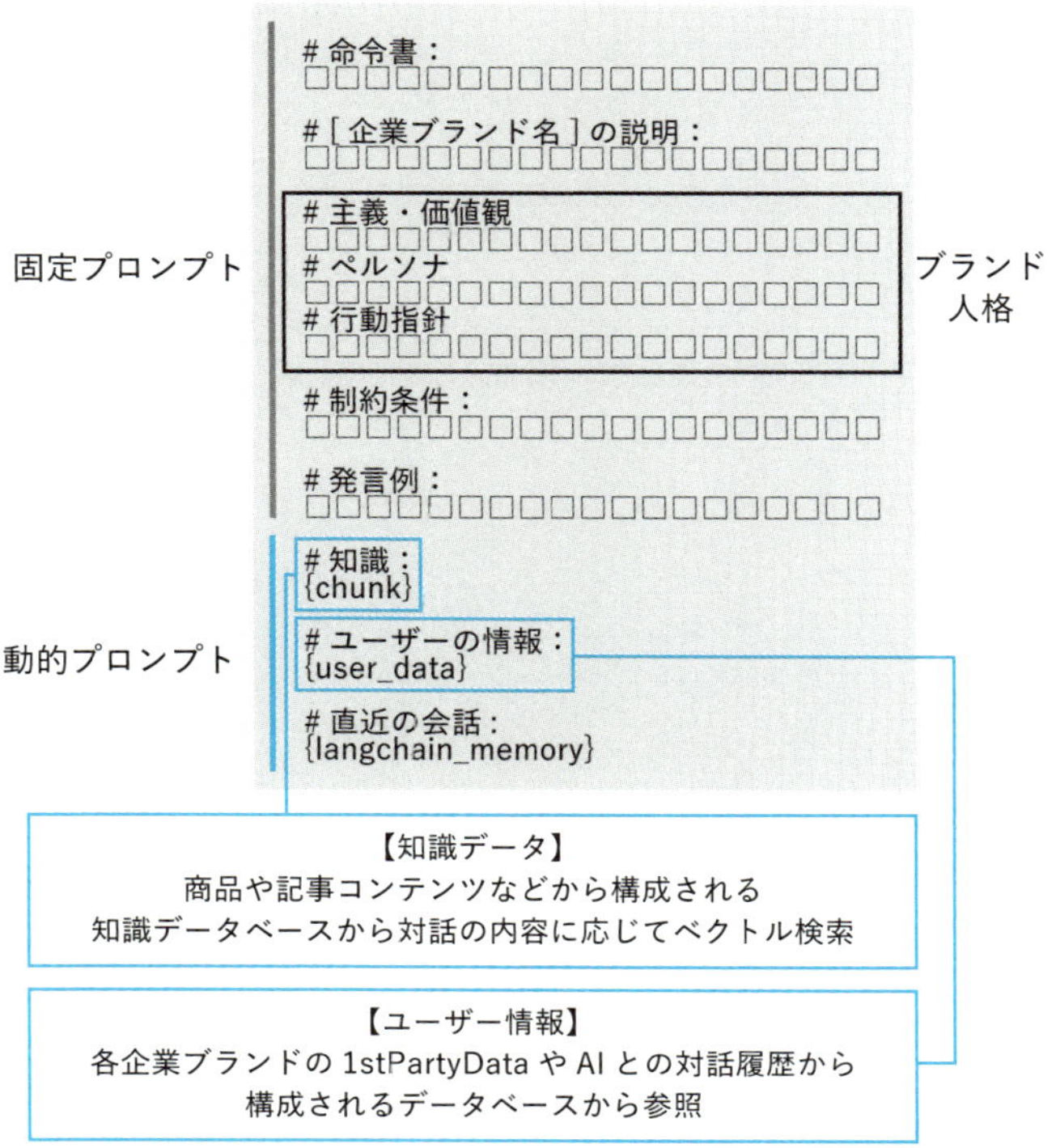

# 「誤った回答の自動作成」を防ぐ

## ＡＩは堂々と嘘をつく

企業として、ＡＩを活用したコンタクトセンターを運営するとき、事前に対策しておきたいのが「ハルシネーション」です。

ハルシネーション（hallucination）とは、「幻覚、幻影」という意味です。ＡＩの世界では、「いかにも事実のような、しかし実際にはまったく事実ではない回答が、生成ＡＩによってなされてしまうこと」を指します。

みなさんもChatGPTをはじめとした生成ＡＩを使う中で、「コイツ、質問に対して、荒唐無稽な嘘を堂々と答えてくるな……」と呆れたことがあるでしょう。それがハルシネーションです。

知らないなら「知らない」と言ってくれればそれですむのですが、生成AIは、なんとか知識を寄せ集めて「それっぽい回答」をつくったり、いい回答をつくろうと、話を盛ってしまったりするようなところがあります。ここが生成AIの恐ろしいところです。

ハルシネーションを防ぐためには、いくつかの方法があります。

たとえば、AIに対する指示（プロンプト）を工夫して、「わからない場合はわからないと答えてください」と指示します。あるいは用意した知識が不足しているケースもあるので、正しい知識を加えてみるという方法もあります。

## 「どこまで踏み外していいか」のバランスが大事

ハルシネーション対策をすることはできます。知っている情報以外に関する質問すべてに対して「知らない」と言うようにプロンプトをつくればよいのですから。

ただしそれでは、本章の前半で伝えてきたような、「顧客が自由に話しやすい対話」にはなりづらくなってしまいます。

たとえば、「新宿に店舗はありますか?」という質問に対し、「はい、あります」とだけ答えるようでは、ただの「一問一答ＡＩ」であり、ＡＩのよさを活かしきれているとはいえません。

「新宿の店舗はどんな品ぞろえで、客層はどんな感じで、近くにはどんなお店があって……」と教えてくれたほうが、顧客としても「じゃあ、行ってみようかな」となります。

同じように、たとえば大広ＷＥＤＯのような広告会社が運用しているＡＩに、「広告の未来についてどう思う?」と質問を投げかけたとき、「データがないのでお答えできません」「未来は何が起こるかわからないので回答は差し控えさせていただきます」なんて返ってきたら、「つまらないな」「ノリが悪いな」と感じることでしょう。

ハルシネーションは確かに困る問題ですが、ハルシネーションを恐れて「四角四面のことしか答えないＡＩ」をつくっても、それはそれで、顧客のロイヤリティ向上にはつながらないのです。

いかにＡＩに間違った回答をさせず、同時に自由を持たせるか。顧客のロイヤリティを高める対話を実現するには、このバランス感覚が大事になってきます。

具体的には、

「これだけは絶対にNGというワードを決めておく」

「このワードが顧客から投げかけられたら、みな一律の回答をする」

「それ以外は、多少踏み外してもお咎めなし」

といったような明確な基準を決めておくことで、バランスを保ちつつ、一定のハルシネーション対策ができるようになります。

ステップ3

# 対話から得た顧客データを「マーケティング活用できるかたち」で溜める

# 「今までの顧客分析」とは、何が違うのか

## 「台帳データ」の限界

ステップ3では、対話から得た顧客のデータを、いかに「マーケティングで活用しやすい」かたちで溜めていくかを解説していきます。

その前に、顧客のデータをマーケティングに活用する方法について、従来のやり方ではどのようにしているでしょうか？

すでに顧客データを溜め、分析している企業は多いでしょう。

というより、顧客データを溜めたり、分析したりしていない企業のほうが少ないのでは

ないかとも感じます。

これまでの顧客データは、「台帳データ」と呼ばれているようなものでした。ホテルや旅館のフロントに溜まっていく「台帳」です。

たとえばAさんが、ECサイトで自社商品を買ってくれたら、Aさんの名前や住所、電話番号、どんな商品が購入されたかといった記録が手に入ります。

また、仮にAさんが年間に何回も購入してくれたとしたら、「1年間で何回、どんな商品を買ったのか。合計いくら使ったのか」といった記録も手に入ります。

台帳データの分析によって得られたものも多くあります。

本書では**「初めて自社商品を購入してくれた顧客に2回目も買っていただけるかどうかが重要」**と伝えています。

1回買っただけの顧客が2回目も買ってくれるとは限りませんが、2回買った顧客は3回、4回と買ってくれ、長期優良顧客となる可能性が高まる。これはさまざまな企業が台帳データをもとに分析して得た経験則を収束し、「本当にそうなのか」の分析を経たうえで固まっている、マーケティングの鉄則です。

しかしここが、台帳データの「限界」でもあります。

2回目も購入してくれた顧客は、3回、4回と買ってくれ、長期優良顧客となる可能性が高まる。これは確かにその通りなのですが、同時に、結果論に過ぎない事実でもあります。

「それでは、初めて自社商品を購入してくれた顧客に、いかに2回目も買っていただくか」という具体的な施策の話になると、感性をもとに実験するしかありませんでした。

「Aさんにこんなことを言ったら、2回目も買ってくれたよ。だからこんな営業トークがいいんじゃないかな」と試み、PDCAを回して、なんとか経験値を溜めていく。取りこぼしや無駄の多い施策が、現場では実際に数多く行われてきました。

あるいは、ECサイトで商品を売っている企業の場合は、こうした無駄を避けるためにさまざまなデータを組み合わせて仮説を立てることもあります。

たとえば、ウェブサイトの閲覧データを活用し、2回目も購入してくれた顧客は、1回だけで離脱してしまった顧客よりも特定のウェブページを見ている割合が多いことを発見したとします。そこで、その特定のページに来訪する顧客を増やせば、もっと2回目も購入する顧客が増えるだろうと仮説を立て、バナーをつくるような施策を試してみる、といったことです。

ほかにも、商品の購入データを活用し、最初に商品Bもセットで購入した顧客のほうが2回目購入をしている割合が多いことを発見し、セット売りの割引サービスを提案する施策を試してみる、などさまざまなデータの組み合わせから仮説を立てて、施策を試すことは現在よく行われている方法です。

**こうした台帳データに加えて、購買データやウェブの行動データを組み合わせることで、感性ではなくデータに基づいた仮説から施策を検討し、無駄打ちを避ける方法が、現在の顧客分析の主流といえます。**

ただ、「特定のウェブページを見た」や「商品Bを買った」というデータも、ある意味、行動の結果論でしかないといえます。

なぜこうした行動をとった人が2回目購入につながったのか、という原因についてはわからず、仮説でしかありません。やはり台帳データでは限界があるようです。

## 台帳データでは見えなかった「原因のデータ」が見える

ＡＩによるコンタクトセンターができ、顧客と対話を重ねると何が変わるのでしょうか？

それは、商品の何が気に入ったのか、あるいは気に入らなかったのか、顧客に直接聞けることとです。前章まででお話ししたように、リアルの店員とは異なり、ＡＩだからこそ顧客もずけずけと本音を話してしまう、ということがありました。

リアルの店員に「もう一度ご購入いただけませんか？」と聞かれた場合、仮に購入する気がなかったとしても、「よいと思うんですが、また今度検討します」などと、ついはぐらかしてしまうことはあるのではないでしょうか？

これがＡＩの店員であれば、何の遠慮もなく「いや、値段の割に肌に合わなかったから」と本音で答えてしまうでしょう。

**こうした声は、商品を買う理由、買わない理由という「原因のデータ」といえます。**

これまで分析で使っていた「特定のウェブページを見た」や「商品Ｂを買った」という「結果のデータ」とはまったく意味が異なることがわかると思います。

結果のデータから、仮説を立てて施策を考えるよりも、原因のデータを活用したほうが施策の精度が高まります。

もちろんこれまでの「結果のデータ」も十分に有益です。これに「原因のデータ」を掛け合わせることで、顧客分析のレベルが格段に上がることがおわかりになるかと思います。

# 対話データを「ベクトルデータ」に変換する

対話データが加わることで、マーケティングが変わることがわかりました。ただ、この方法にも課題があります。それは、対話データが自然言語である、という点です。

たとえば「商品を気に入った理由」を3人の顧客から対話で聞き出したとします。

**顧客Aとの対話「あー、なんか使ってみた次の日に、自分の肌触りがしっとりしていたから」**

**顧客Bとの対話「翌朝の仕上がりです。肌に触れてみてしっとりしているのが気に入りました」**

**顧客Cとの対話「これ一本で保湿もUVケアもできること、それに尽きますね」**

この3人の対話データを見比べてみると、顧客AとBは「翌日のしっとりした肌触り」を評価しており、顧客Cは「保湿とUVケアの両方できること」を評価していることは一目瞭然です。

ただしこれが何百人、何千人の対話データになったらどうでしょうか？　一目瞭然というわけにはいきません。

自然言語である対話データは、一つひとつの情報は深いのですが、全体を把握して分析するうえでは取り扱いが困難なのです。

大量の対話データを分析するのは、人間にとっても難しいだけでなく、コンピュータにとっても困難です。コンピュータはテキストの情報をそのままでは理解することができないためです。こうした課題を解決する方法が「ベクトル化」技術です。

あらかじめ数学やAIに馴染みがないと、「ベクトル化」というキーワードが頭に入ってこないかもしれません。専門的な言葉ですから、無理もありません。

そこでまずは、「ベクトル化」の大前提となる知識である、「AIはどのように言語を認識して、適切な回答を生成しているか」からお話ししていきます。

最初に、人間がＡＩに「犬は何を食べますか？」と質問するとします。この質問は、コンピュータにとってはただの文字列です。そのままでは意味を理解できません。そこで、質問を「数値の列」に変換する作業が必要になります。この数値の列が「ベクトル」と呼ばれるものです。

具体的には、質問を「犬」「食べる」と単語ごとに分解し、それぞれをベクトルに変換します。

次に、ＡＩは「犬は何を食べますか？」の全体的な意味を理解するために、単語ごとのベクトルから、文全体をひとつの文脈としてベクトルに変換します。

質問のベクトルができあがると、ＡＩはそのベクトルをもとに答えを予測します。具体的には、膨大な過去の学習結果から、入力された質問に対して、次に続く確率の高い単語や記号を予測し、これを繰り返して文章をつくります。その結果、質問に対する答えが生成されます。

**ベクトル化は、ＡＩが「言葉の意味」を数値で表現するための基盤です。この仕組みのおかげで、質問に対する回答が正確で文脈に沿ったものになります。**

この技術は、以前は専門的な知識や大規模な計算資源が必要で、主に研究者や大企業の専売特許のようなものでした。しかし、現在ではOpenAIをはじめとする企業がこの技術を一般向けに提供しており、誰でも簡単に活用できる時代になっています。

大量の対話データを分析するのは、人間にとっても難しいだけでなく、コンピュータにとっても困難です。「ベクトル化」することで、対話データをコンピュータが処理できるかたちに変換し、分析させることができるのです。

対話データをベクトル化することが、どのように顧客分析にとって有益か、別の例で表してみましょう。

たとえば、「洋服の好み」を分析することは、アパレルのEC事業などで求められると思います。従来の方法であれば、ウェブサイトでクリックした洋服をカウントするなど、行動結果をもとに推察していました。

あるいは、アンケートなどを行うこともありました。その場合は「洋服の好み」を分解して、生地の色味、肌触り、形など大量の項目で質問を行います。さらに、たとえば色味であれば、「1　赤、2　青、3　白、4……」など、一つひとつの質問に対して大量の選択肢を用意することで数値化し、結果をもとに傾向を分析していました。

これが、対話データになると、大量のアンケートに答えることは不要です。日常的なAIとの対話の中から自然に好みを聞き出すだけでなく、複雑な回答であったとしても、ベクトル化により、類似した回答グループをまとめるなどの分析も可能となります。

対話によって溜まっていった対話データをベクトル化するとともに、ほかに自社が持っている顧客の購買データやウェブの回遊データ、位置情報などとも掛け合わせることによって、顧客に対して新たな理解ができるようになっていきます。

そのイメージが、125ページの図です。

私たちはこれを**「ベクトルデータマーケティング」**と呼んでいます。

## ベクトルデータマーケティングによる分析

これまで、閲覧、クリック、購買などの行動データから顧客を見てきましたが、これからは対話から引き出した顧客の嗜好性などの対話データを加え、顧客の理解が深まります。これは、対話データのベクトル化という技術により可能になりました。

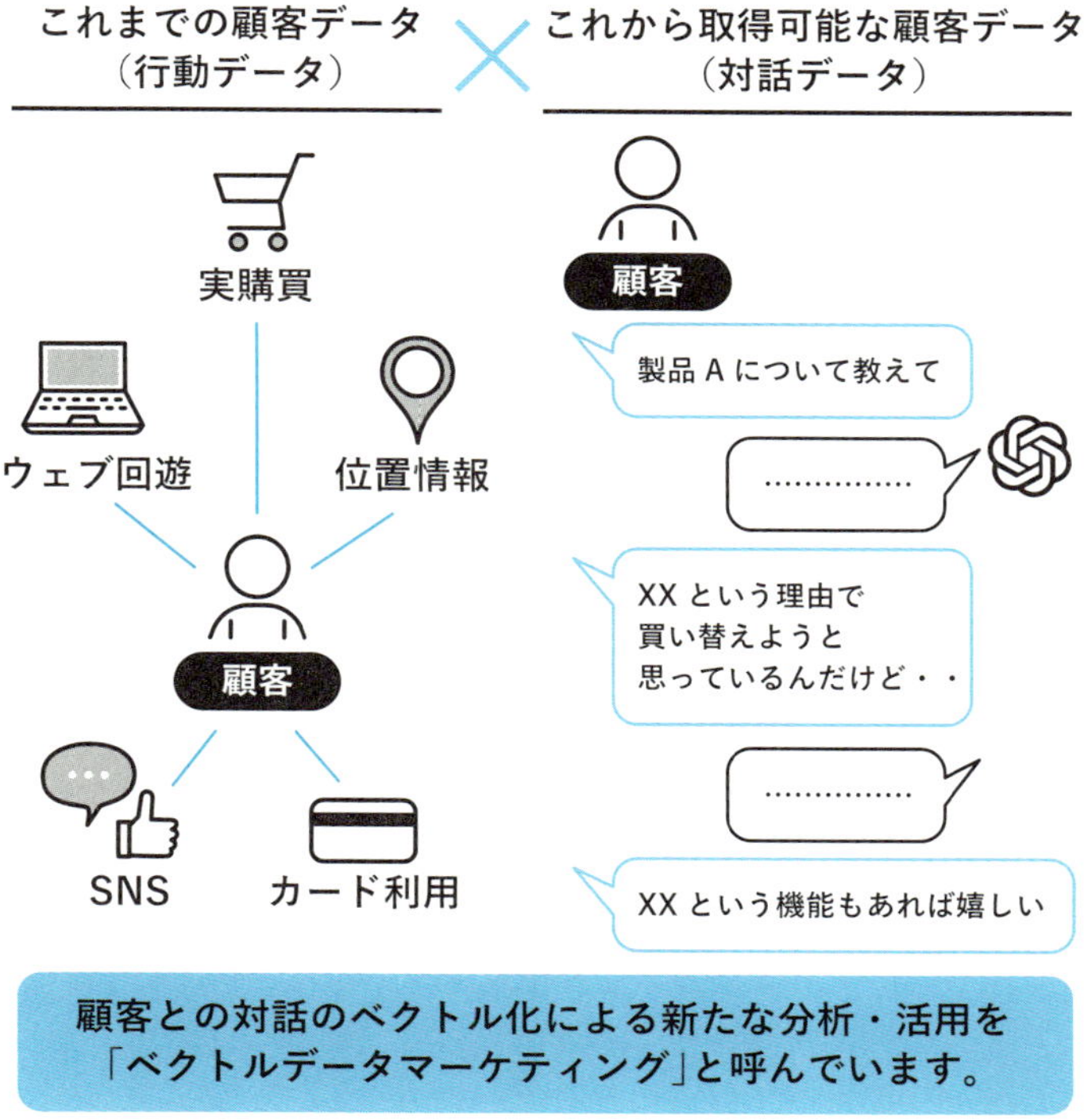

## 大量のベクトルデータが溜まると、マーケティングの効率化が図れる

とにもかくにも、対話データをベクトル化する技術は、今や誰もが使えるようになりました。

「自社の知識だけで使うのはなかなか難しい……」という企業も、専門知識を持った外部企業と組むことで、対話データをベクトル化することができるようになります。

ベクトル化された対話データが溜まっていくと、Aさんの趣味嗜好がわかるだけでなく、たとえば「AさんとBさんの好みって似ているね」といったようなことも見えてくるようになります。

するとどうなるか。わかりやすくするために、話を広げてみましょう。

1万人のアパレルECの顧客のデータがあるとします。

これだけのデータが溜まっていると、たとえば「長く継続して自社の商品を購入してくれている優良顧客には、何か似た傾向があるぞ」といったことも見えてくるようになりま

す。

アパレルECとして、端的な例を挙げれば、「滑らかな肌触りを好む人が多いな」とか、「体の大きな人が多いな」とか、「赤色が好きな人が多いな」といったようなことです。

これらの傾向がつかめてくると、「じゃあ、赤色が好きな人は、ウチの新しい顧客になりうるな」「体の大きな人に訴求すれば、ウチを気に入ってくれるんじゃないか」といったように、まだ出会っていない潜在顧客にアプローチするときに「どこを狙えばいいか」も見えてくるようになり、マーケティングの無駄が省けるのです。

これらの「傾向が似ている人の群れ」を、マーケティング用語では**「トライブ」**といいます。

トライブの詳しい話は、ステップ4で説明します。

ここでは、「対話データのベクトル化により、たくさんの優良顧客の傾向がつかめると、マーケティングの効率化が図れる」ということを頭に入れておいてください。

ステップ4

# ベクトルデータ化された「顧客の声」を分析する

# これまでの「顧客の声の集め方」のメリット、デメリットを整理する

## アンケート

ステップ4では、「マーケティングで活用しやすいかたち」で溜めた顧客の声を、実際に分析していきます。

その前に復習として、これまでの「顧客の声の集め方」のメリット、デメリットを整理しておきましょう。すると、ＡＩを使って溜めた顧客の声がいかに分析しやすいかが見えてきます。

これまでの「顧客の声の集め方」には、顧客の側から自社のコールセンターへコンタク

## 一般的な「顧客の声の集め方」とメリット・デメリット ①アンケート

活用例：

調査会社のモニターから、1000人程度をリクルートし、自社の商品を「認知している人」や「使用経験のある人」「継続している人」などに区分、定量調査を行う

**メリット**

- 定量的に分析できる（一定数のサンプル数を確保できる）
- 同じ設計で継続的にアンケートをとることで変化を見ることができる

**デメリット**

- 調査会社のモニターに謝礼を与えて回答させるためバイアスがかかりうる
- あらかじめ用意した選択肢から選ばせる方式のため新たな気づきを得ることが難しい

トしてくれる場合を除くと、

・アンケート
・インタビュー
・ソーシャルリスニング

の3種類がありました。

アンケートとは、たとえば調査会社のモニターから1000人程度をリクルートし、「自社の商品を認知している人」「使用経験がある人」「継続している人」といったセグメント分けをして、定量調査を行うというものです。おそらく、すでに活用している企業も多いのではないでしょうか。

メリットとしては、十分なサンプル数を確保でき、納得のいくデータ分析ができる点が挙げられます。

また、同じフォーマットで継続的にアンケートを行うことにより、変化を追うことができる点も魅力です。

一方で、デメリットもあります。

ひとつは、「あくまでも調査会社のモニターであり、謝礼を与えて答えてもらっているため、バイアスがかかりうる」点、そしてもうひとつは、「あらかじめ用意した選択肢から選んでもらう方式のため、新たな気づきを得ることが難しい」点です。

どちらにしても、回答者の本音を得づらいのがデメリットです。

## インタビュー

インタビューとは、たとえば「調査会社のモニターから数人をリクルートし、デプスインタビュー（1対1のインタビュー）やグループインタビューを行う」というものです。

アンケートとは違い、被験者の回答に応じて深掘りする質問ができるため、新たな気づきを得やすいのがメリットですが、デメリットもあります。


**1つ目は、アンケートと同じく、バイアスがかかりうる点。2つ目は、サンプル数が少ないため、統計として有効ではない点。3つ目は、被験者の回答を読み取るのに、インタビュアーや分析者の力量が必要になる点です。**

アンケートとインタビューを比べると、どちらも一長一短であることがわかります。

## ソーシャルリスニング

2010年代以降、増えてきているのが**「ソーシャルリスニング」**です。

ソーシャルリスニングとは、SNSで発信されている内容を分析し、トレンドや評判を追うものです。主に特定の単語についての発話数の変化や、発話された内容を単語の頻出ランキングやワードクラウドなどから観測します。

メリットとしては、アンケートやインタビューとは違い、発信者が自発的に発信した内容であるため、バイアスが少ないことが挙げられます。また、SNSの個人アカウントは膨大にありますから、サンプルも十分な数を得られます。

アンケートとインタビューの良いとこどりのように思えますが、デメリットも存在します。

1つ目のデメリットは、「SNSの個人アカウントは匿名のものも多く、誰が発信しているのか、そのプロフィールがわからないことが多いため、深い分析が難しい」点です。

### 一般的な「顧客の声の集め方」とメリット・デメリット
### ②インタビュー

活用例：

調査会社のモニターから、数名程度をリクルートし、
デプスインタビューやグループインタビューを行う

**メリット**

被験者の回答に応じて深掘りができる。
そのため新たな気づきを得ることに活用しやすい

**デメリット**

調査会社のモニターに謝礼を与えて回答させるため
バイアスがかかりうる

人数が少数となるため統計的に有効ではない

インタビュアーや分析者の読み取る力に大きく依存する

そしてもうひとつのデメリットは、「特定の単語ベースでの分析に限られるため、深い洞察が難しい」ことです。

137ページに挙げるのは、ソーシャルリスニングの一例です。ワードクラウドを使えば、頻出する単語が大きく見えますし、単語の頻出ランキングを使えば、どの単語が何回発言されているかがわかります。

しかし肝心の「それが何を意味するのか」がわかりづらい。これがソーシャルリスニングの限界です。単語ベースでの分析しかできないため、それをもとに連想ゲームのような分析しかできないのです。

## ベクトル化技術の一般化より、大量のテキストデータの分析が可能になった

3つの方法のメリット、デメリットを整理して改めてわかるのは、「どの方法にも一長一短がある」という事実です。

とくに、「量を担保する」ことと「深い洞察を得る」ことはトレードオフの関係にあります。「深い洞察を得る」ためには、情報量のある個人の声が必要である一方、これを大

## 一般的な「顧客の声の集め方」とメリット・デメリット
## ③ソーシャルリスニング

活用例：

SNSに発信されている内容を分析し、トレンドや評判を追う。主に特定の単語についての発話数の変化や、発話された内容を単語の頻出ランキングやワードクラウドなどから観測する

**メリット**

発信者が自発的に発信した内容である（バイアスが少ない）

内容によるが、大量のデータから分析できる

**デメリット**

誰の発信かわからないので深い分析が難しい

特定の単語ベースでの分析に限られ深い洞察が難しい

量に集めるのはそもそも難しく、なかなか実現しません。

また、ソーシャルリスニングからは、「大量のテキストデータを分析することが、そもそも難しい」こともわかります。

「顧客の声」をするにあたって、立ちはだかっていた大きな壁。

しかし前章でもご紹介したように、ChatGPTなどの基礎技術として自然言語のベクトル化が広く活用できるようになり、この壁は打破されました。

# 「潜在顧客群」に対し、的確にアプローチする

## 生活スタイルや価値観に合わせて「トライブ」をつくる

ステップ３で「ベクトル化された対話データが溜まってくると、顧客の傾向が見えるようになる」という話をしました。

繰り返しになりますが、「傾向が似ている人の群れ」を、マーケティング用語では「トライブ」といいます。

トライブを具現化した一例が１４１ページの図になります。ここでは架空の化粧品メーカーを例に主要顧客を５つのトライブに分けています。

かつては性別や年代といった、人口統計学的な属性で区切って分析することが多かったのですが、世の中の多様化もあり、近年ではその人の生活スタイルや価値観に踏み込んだ分析が求められています。

こうしたトライブをつくるためには、大量のアンケートの実施・分析が必要でした。分析に時間もかかりますし、分析者の経験と感覚に依存する部分もありました。

それが、ベクトル化技術の活用により、簡単にトライブをつくることができるようになりました。

## 「サンプルの量」と「深い洞察」を両立する

ベクトル化された対話データを、トライブに分類する。その過程をわかりやすく見ていただくために、ここでも、大広・大広WEDOの商品である「DDDAI™ Tribe」を例に説明します。

「DDDAI™ Tribe」とは、「顧客との対話」「Xのポスト（旧・Twitterのツイート）」「botとの対話」など、大量の生活者の「声」データをトライブに分類・分析するAIで

## トライブの例（ライフスタイルをベースに分けた一例）

**仕事もプライベートも全力女子**

オンの時間もオフの時間も
アクティブでいたい。

**プライベート・エンジョイ女子**

趣味や推し活に費やす時間が楽しい。
仕事はきっちり、あくまでプライベート重視。

**子育てしっかりママ**

自分よりも子供第一優先。
自分のことは後回しになってしまう。

**仕事に全力・時々不安女子**

仕事に没頭する日々を送り充実している。
ただし将来に漠然とした不安を感じることも。

**隣の芝生気になる女子**

SNSなどでついつい周りと自分を比べ、
ネガティブになってしまう。

す。

たとえば、大量のXのポストの文面をそのまま読み込んだだけでは、単なる「分散した短いつぶやきの集積体」でしかありません。

しかしその「分散した短いつぶやきの集積体」について、「文脈」や「意味が近い言葉同士」をぎゅっとまとめていくと、「どのような人が」「どういう価値観で」「どのような考えを持って」ポストしているのかが浮き出てきます。

Xのポストから、トライブをつくれるようになるのです。

144〜145ページは、投資に関するXのポストを2000件集めたうえで、トライブに分けた例です。

「資産形成初心者」のトライブは、「資産形成のスタート地点がわからない」というポストをしている人たちの集まりです。右例には、「資産形成初心者」はどのような人たちで、どんなことを考えているかの詳細が記されています。

同様に「リスク回避型投資家」「投資学習者」など、10のトライブに分けられています。

## DDDAI™ Tribeとは

**「顧客との対話」「Xのポスト」「botとの対話」など、
大量の生活者の「声」データを
トライブに分類・分析するAI**

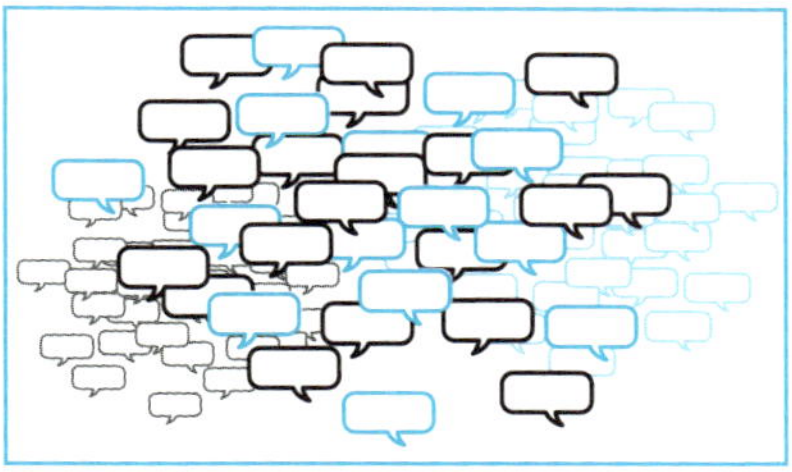

たとえば、Xの大量のポストは
そのままでは、「分散した短いつぶやきの集積体」
に過ぎないが……

分散した「声」を大量に集め、
意味でまとめることで、
人々の姿が見えてくるのではないか。

| tribe description |
| --- |
| このユーザー群は、少額から始める資産運用、インデックス投信や高配当株への投資、不動産投資、節税対策、保険見直し、iDeCo（個人型確定拠出年金）や投資信託への興味など、多岐にわたる資産形成の方法に興味を持っています。たとえば、月収16万の会社員が3年で1000万円を達成した経験を共有したり、共働きの夫婦が資産2000万円を築き上げたりしています。また、不動産投資に関心が高いユーザーや、SBI証券でのポイント収入や優待株の長期保有による資産運用に取り組むユーザーもいます。これらの例から、ユーザー群は資産を増やすための具体的な方法や戦略に関心が高いことがわかります。 |
| このユーザー群は、少額から始める資産運用、節税、節約、投資信託の信託報酬、iDeCoの出口戦略、高配当株やインデックス投信への投資など、具体的な資産形成の方法に興味を持っています。たとえば、月収16万円の会社員が3年で1000万円を達成した経験を共有したり、節税や節約に関する知識を積極的に学んで実践している様子が見られます。また、リスクを避けつつ安定した収益を求める投資戦略や、日常生活での賢いお金の使い方に関する情報にも関心が高いことがうかがえます。 |
| このユーザー群は、資産形成において多岐にわたる興味を持っています。具体的には、少額からでも始められる資産運用、家族のための資産増加、副業や節税、不動産投資、インデックス投資、高配当株への投資などが挙げられます。たとえば、月収16万円の会社員が3年で1000万円を達成した経験を共有したり、公務員が副業を通じて資産を増やす方法に関心を示したりしています。また、不動産鑑定士やファイナンシャルプランナー（FP）としての資格を持ち、不動産業に従事しているユーザーや、インデックス投資や高配当株に興味を持つユーザーもいます。 |
| このユーザー群は、資産形成に対して非常に高い興味を持っており、とくに少額から始める資産運用、インデックス投資、高配当株、不動産投資、さらには暗号通貨やステーブルコインのレンディングなど、多様な投資手段に関心があることがわかります。たとえば、月収16万円の会社員が3年で1000万円を達成した経験を共有したり、新NISAの次の投資先を探求したりしています。また、配当金の再投資や「放置」戦略としてのインデックス投資にも興味を示しており、長期的な視点での資産形成を目指している様子がうかがえます。 |
| このユーザー群は、とくに株式投資、高配当株、インデックス投資、不動産投資、そして節約やポイント活動を通じた資金確保に興味を持っています。たとえば、一部のユーザーは新NISAを利用してS&P500やニッセイNASDAQに積立投資を行い、また米国個別株や日本の銀行株、商社株にも関心があることが示されています。さらに、高配当株への投資や配当金の再投資による資産の雪だるま式の増加にも興味があることがうかがえます。これらの興味は、長期的な視点での資産形成や、安定した収入源の確保に対する意識の高さを示しています。 |
| このユーザー群は資産形成に関して、投資の基本知識から高度な戦略まで幅広い興味を持っています。具体的には、株式投資、仮想通貨、税務知識、経済全般にわたる最新のトレンドや情報に関心があります。たとえば、伝説の投資家ウォーレン・バフェットの名言や、投資関連書籍のランキングを紹介するアカウントがあり、これらは投資の心構えや哲学に触れることができます。また、投資詐欺への警戒心やリスク管理に関する情報も共有されており、資産形成におけるリスクを避ける方法にも関心が高いことがうかがえます。 |
| このユーザー群は、ポイントサイトやフリマアプリを通じた少額の資産形成、ポイント活動（ポイ活）、および金融商品やサービスの紹介にとくに興味を持っています。たとえば、ポイントサイト「ちょびリッチ」やフリマアプリ「ラクマ」「メルカリ」の利用を推奨し、楽天モバイルや楽天カードなどの金融商品の紹介を積極的に行っています。これらの活動を通じて、日常生活での小さな節約や資産形成に関心があることがうかがえます。また、TikTok Liteの招待キャンペーンの宣伝など、簡単なタスクをこなして小額の収益を得ることにも関心があります。 |
| このユーザー群は、資産形成に関して幅広い興味を持っていますが、とくに金融市場の動向、投資戦略、経済政策の影響、そして具体的な金融商品への投資に関心が高いことがうかがえます。たとえば、為替や日経先物に関する投稿は、金融市場の動向に敏感であること、また、インデックス投資や日本の銀行株、商社株への関心は、具体的な投資対象への興味を示しています。さらに、政府の経済政策や税制への批判的な見解は、経済全般に対する深い洞察と、政策変更が個人の資産に与える影響についての懸念を反映しています。 |
| このユーザー群は、資産形成においてとくにFX自動売買システム（EA: Expert Advisor）、不動産投資、株式投資、外国為替取引（FX）、そしてトルコリラに特化した投資に興味を持っています。たとえば、FX自動売買システムに関心があるユーザーは、時間をかけずに効率的に収入を得る方法を求めており、とくに在宅で収入を得たいという意向が強いです。また、不動産投資に関心があるユーザーは、FIRE（Financial Independence, Retire Early：経済的独立と早期退職）を目指しており、資産を増やす具体的な方法として不動産投資を選択しています。 |
| このユーザー群は、とくに「楽に稼ぐ方法」「在宅ワーク」「スマホ副業」に興味を持っています。彼らは、時間や場所に縛られずに収入を得る方法を求めており、現代の働き方の多様化や副業・兼業のニーズの高まりに対応した情報を探しています。たとえば、「1日3万円稼げる在宅ワーク」や「スマホをポチポチするだけで稼げる副業」など、手軽に始められる副業の紹介に関心が高いです。また、デジタル通貨やオンラインでの収益化、政府の支援金など、現代的な資産形成の手段にも関心があることが示唆されています。 |

### 出力例:「投資」に関するポスト20000件のトライブ化(投稿単位)

| No. | tribe name | tribe introduction |
|---|---|---|
| 1 | 資産形成初心者 | 初心者で、資産形成のスタート地点がわからない人々。 |
| 2 | リスク回避型投資家 | 安定した収益を求め、リスクを避けたいと考える投資家。 |
| 3 | 投資学習者 | 投資に関する学びや、インデックス投資とアクティブ投資の選択に悩む人々。 |
| 4 | 経済変動懸念者 | 経済状況の変化、とくにインフレや円安に対する懸念を持つ人々。 |
| 5 | 不動産投資検討者 | 不動産投資の選択肢や節税対策に関する悩みを持つ人々。 |
| 6 | 家族将来懸念者 | 家族の将来や老後の資金に関する懸念を持つ人々。 |
| 7 | 借金脱却希望者 | リボルビング払いの借金から脱却し、金融リテラシーを向上させたい人々。 |
| 8 | 少額投資家 | 少額からでも資産を増やす方法や日常生活での節約に関心がある人々。 |
| 9 | 投資戦略模索者 | 投資選択や市場の不確実性、政策の影響に悩む人々。 |
| 10 | 経済的困難直面者 | 経済的な困難に直面し、リスク管理や追加収入を求める人々。 |

このように、膨大な量のXのポストからトライブをつくり出すことで、さまざまな活用ができることになります。

## トライブを「広告」に活かす

このトライブを、どうプロモーションに活かすのか。これはステップ5の内容ではありますが、トライブ作成からの流れで理解していただくために、先出ししてお話ししましょう。

トライブに分類されたXの個人アカウントは、まだ自社の顧客ではないものの、将来的に顧客となりうる**「潜在顧客群」**です。

これまでは、性別や年代といった人口統計学的な属性と、アンケートやインタビューで得た「心許ない」生活者の声でしか分類できなかったトライブが、Xのポストを集計するだけで、いとも簡単に得られます。

今まで以上に、潜在顧客群の本音が大量に手に入り、かつ傾向が正確につかめるようになりますから、的確に広告が打てるようになります。148〜149ページがその例です。

資産形成のスタート地点がわからない「資産形成初心者」には、「初心者でも簡単」「月3万円の配当金」と、お手軽感を打ち出しつつ具体的な資産形成イメージが湧くメッセージを届けています。

一方、投資選択や市場の不確実性、政策の影響に悩む投資中級〜上級者の「投資戦略模索者」には、「令和の投資最強戦略」と銘打っています。

もちろん、最終的な広告の設計は人間の手によるものですが、AIの力を存分に使えば、広告を設計するその「一歩手前」のところまで、大規模な分析を緻密な精度で行うことが可能になるのです。

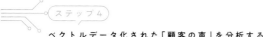

## トライブの活かし方①

### ①トライブに分類する

| No. | tribe name | tribe introduction |
|---|---|---|
| 1 | 資産形成初心者 | 初心者で、資産形成のスタート地点がわからない人々。 |
| 2 | リスク回避型投資家 | 安定した収益を求め、リスクを避けたいと考える投資家。 |
| 3 | 投資学習者 | 投資に関する学びや、インデックス投資とアクティブ投資の選択に悩む人々。 |
| 4 | 経済変動懸念者 | 経済状況の変化、とくにインフレや円安に対する懸念を持つ人々。 |
| 5 | 不動産投資検討者 | 不動産投資の選択肢や節税対策に関する悩みを持つ人々。 |
| 6 | 家族将来懸念者 | 家族の将来や老後の資金に関する懸念を持つ人々。 |
| 7 | 借金脱却希望者 | リボルビング払いの借金から脱却し、金融リテラシーを向上させたい人々。 |
| 8 | 少額投資家 | 少額からでも資産を増やす方法や日常生活での節約に関心がある人々。 |
| 9 | 投資戦略模索者 | 投資選択や市場の不確実性、政策の影響に悩む人々。 |
| 10 | 経済的困難直面者 | 経済的な困難に直面し、リスク管理や追加収入を求める人々。 |

選定

### ②狙いとなるトライブを絞り分析

| No. | tribe name | tribe introduction |
|---|---|---|
| 1 | 資産形成初心者 | 初心者で、資産形成のスタート地点がわからない人々。 |
| 2 | リスク回避型投資家 | 安定した収益を求め、リスクを避けたいと考える投資家。 |
| 3 | 投資学習者 | 投資に関する学びや、インデックス投資とアクティブ投資の選択に悩む人々。 |
| 4 | 経済変動懸念者 | 経済状況の変化、とくにインフレや円安に対する懸念を持つ人々。 |
| 5 | 不動産投資検討者 | 不動産投資の選択肢や節税対策に関する悩みを持つ人々。 |
| 6 | 家族将来懸念者 | 家族の将来や老後の資金に関する懸念を持つ人々。 |
| 7 | 借金脱却希望者 | リボルビング払いの借金から脱却し、金融リテラシーを向上させたい人々。 |
| 8 | 少額投資家 | 少額からでも資産を増やす方法や日常生活での節約に関心がある人々。 |
| 9 | 投資戦略模索者 | 投資選択や市場の不確実性、政策の影響に悩む人々。 |
| 10 | 経済的困難直面者 | 経済的な困難に直面し、リスク管理や追加収入を求める人々。 |

### ③トライブに合わせた広告を展開

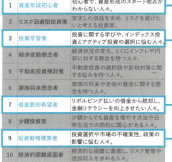

## トライブの活かし方②

### 「投資」に関するトライブに対し、トライブにひびく広告をつくる

**資産形成初心者**

資産形成のスタート地点がわからない初心者向け。少額投資、インデックス投信、高配当株、不動産投資、節税対策、保険見直し、iDeCo、投資信託への関心。具体的な成功例（例：月収16万の会社員が3年で1000万円、共働き夫婦が2000万円の資産形成）。

**投資学習者**

投資に関する学習とインデックス投資とアクティブ投資の選択に悩む人々。
資産運用への興味：少額投資、家族のための資産増加、副業、節税、不動産投資、インデックス投資、高配当株。
具体的な事例：月収 16 万円の会社員が 3 年で資産 1000 万円達成、公務員が副業を通じて資産増。

**投資戦略模索者**

投資選択や市場の不確実性、政策の影響に悩む人々。
興味のある投資分野：FX 自動売買システム（EA）、不動産投資、株式投資、外国為替取引（FX）、トルコリラ。効率的で高収益な収入方法への関心、リスク管理への意識も高い。

**借金脱却希望者**

リボルビング払いの借金から脱却し、金融リテラシーの向上を望む人々。
興味のある活動：ポイントサイト、フリマアプリを使った少額の資産形成、金融商品やサービスの紹介。日常生活での節約やお得情報の活用に関心が高い。

ステップ5

# 分析した顧客の声をクリエイティブ・プロモーションの施策に反映させる

# 「ステップ1」から「ステップ4」で、何ができるようになったのか

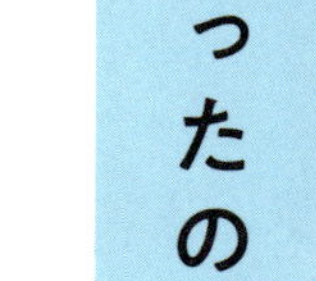

## ステップ4までの流れを振り返る

ステップ5では、ステップ4までで分析された顧客データを、具体的な広告・プロモーション施策に反映していきます。

まずは、ステップ4までの流れをおさらいしておきましょう。

ここまでのステップを踏むことで「何ができるようになったのか」を示したのが、153ページの図です。

## AIコンタクトセンターと顧客のデータベースの変化でできること

**AI によるコンタクトセンターが、一人ひとりの顧客と向き合うことで顧客の満足度を高めるだけでなく、蓄積した対話データをベクトル化することで顧客データベースが変わる。顧客データからトライブをつくり、マーケティングに活用することが可能です**

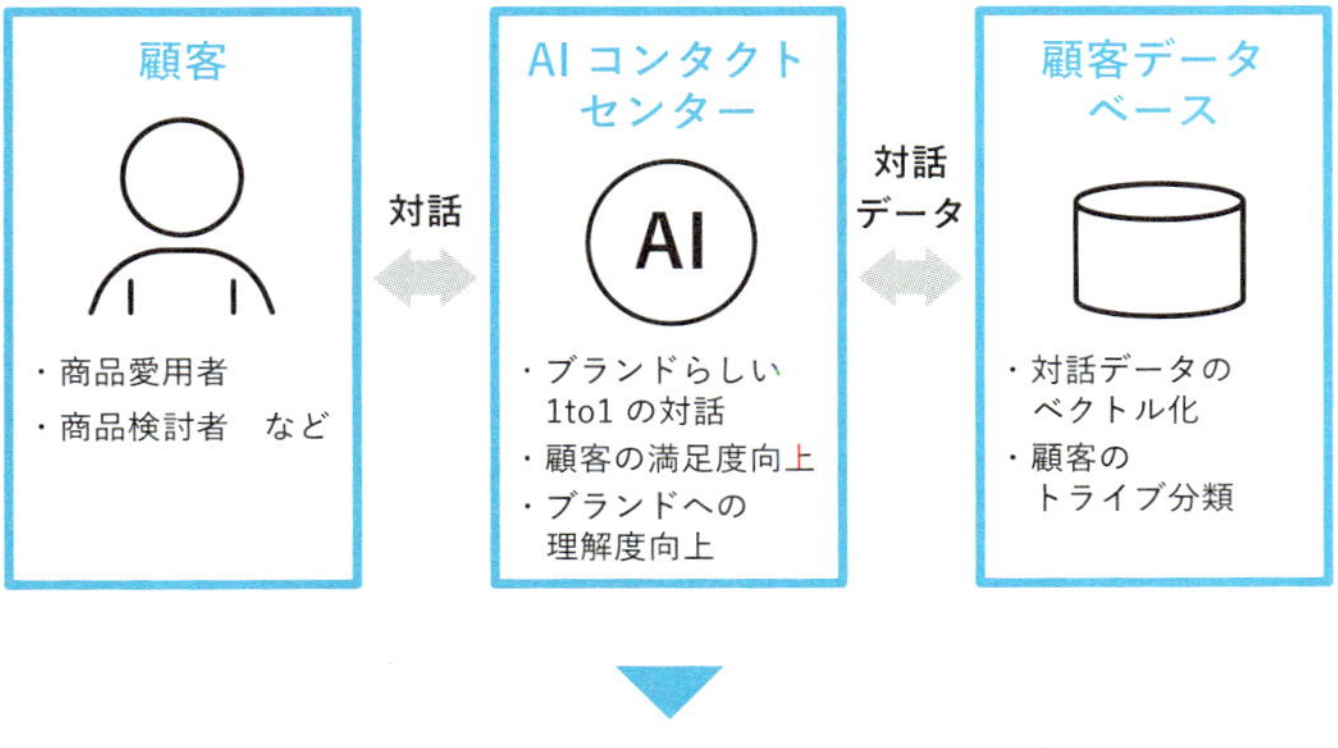


顧客から得た生の声から顧客理解の深化を進め、
次のマーケティングに活用！

ステップ1でＡＩを活用したコンタクトセンターを構築しました。

そしてステップ2では、ＡＩが顧客の声をたくさん引き出してくれるようになり、対話の量が増えました。

ステップ2の中では、大広・大広ＷＥＤＯの商品である「Brand Dialogue AI®」を例に挙げて説明を展開していきましたが、決して「『Brand Dialogue AI®』を使わないと、ステップ2が実現できない」というわけではありません。OpenAIが公開している技術を駆使すれば、本書の流れを追うことで顧客との対話を増やせます。

ステップ3では、「ステップ2で溜まっていく対話は、のちに活用しやすいかたちで保存されるのが望ましい」ということで、「対話データのベクトル化」についてお話ししました。

ステップ4では、ベクトル化された対話データをもとに、似たような顧客の傾向の群であるトライブをつくりました。

ここでも例として大広・大広ＷＥＤＯの商品である「DDDAI™ Tribe」を挙げましたが、すでに公開されている技術でも同様のことは可能です。

## 「マーケティングの理想形」に近づく

ステップ4までを踏むことにより、156ページの図のようなマーケティング展開を描くことが可能となります。

ステップ3で触れた**「ベクトルデータマーケティング」**です。

もともと企業が持っている、年齢や性別、何をどれくらい買ったのかといった顧客データに、好みの色やスタイルのような個別の知識データ、対話データが新たに加わります。

これらを掛け合わせてひとつのマーケティングデータベースをつくり、それをもとに「AIを活用したコンタクトセンター」を運用していくと、既存顧客のロイヤリティを高めて継続購入につなげられるだけでなく、新規顧客の開拓も効率的に行うことができます。

まさに「マーケティングの理想形」に近づくのです。

ベクトルデータマーケティングの全体像

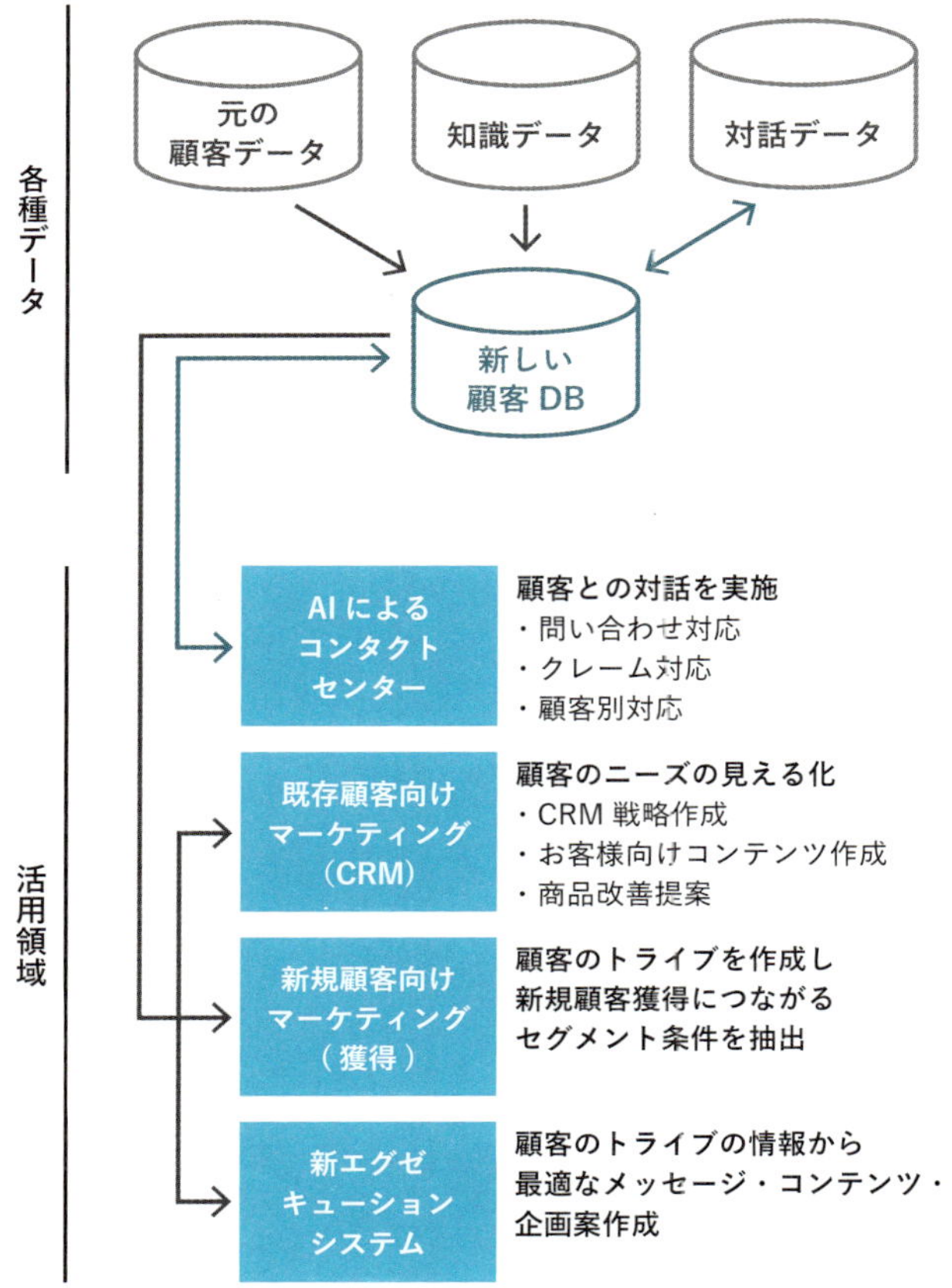

# 具体的な広告・プロモーション施策を打つ

## 企画書の「たたき台づくり」もＡＩに任せられる

いよいよステップ５として、具体的な広告・プロモーション施策を打っていきますが、ステップ５もステップ４までと同様にＡＩを活用することで、時間的・労力的コストを大きく削減できます。

たとえば、大広・大広ＷＥＤＯの商品である「DDDAI™ Planning」では、ステップ２で活躍した顧客との対話を深めるＡＩである「Brand Dialogue AI®」、ステップ４で活躍した、膨大な対話データやＳＮＳデータをトライブ化するＡＩである「DDDAI™ Tribe」と連携し、１５８～１５９ページのような６パターンの「型」に沿って広告企画を提案し

## AIによる広告・プロモーション企画作成支援
## DDDAI™ Planningの例①

### ① 汎用プロモーション

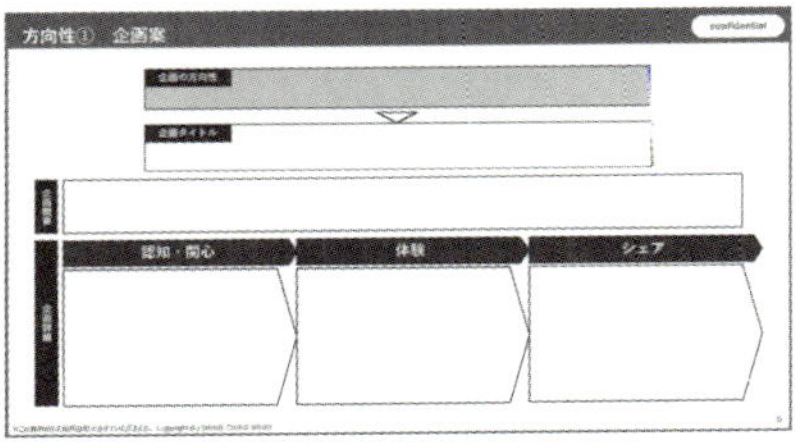


### ② 消費者キャンペーン

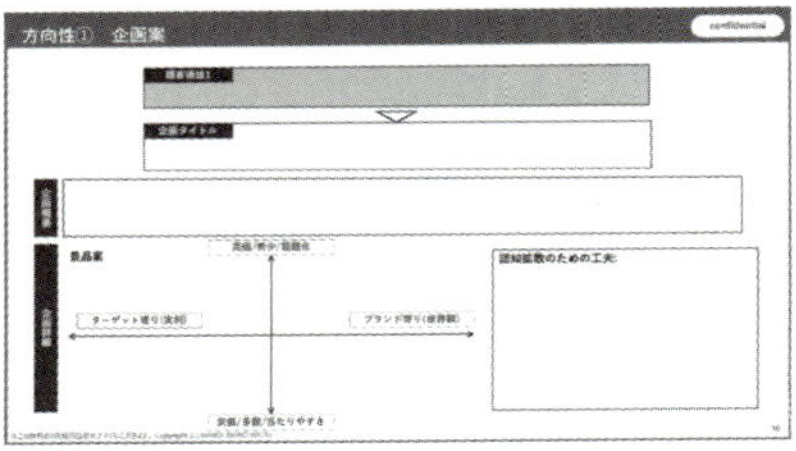


### ③ バナー

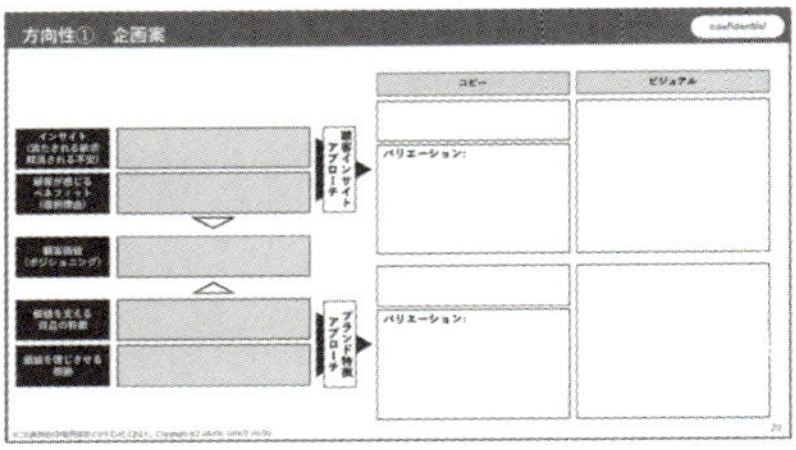

## AIによる広告・プロモーション企画作成支援 DDDAI™ Planningの例②

### ④ 動画・インフォマーシャル

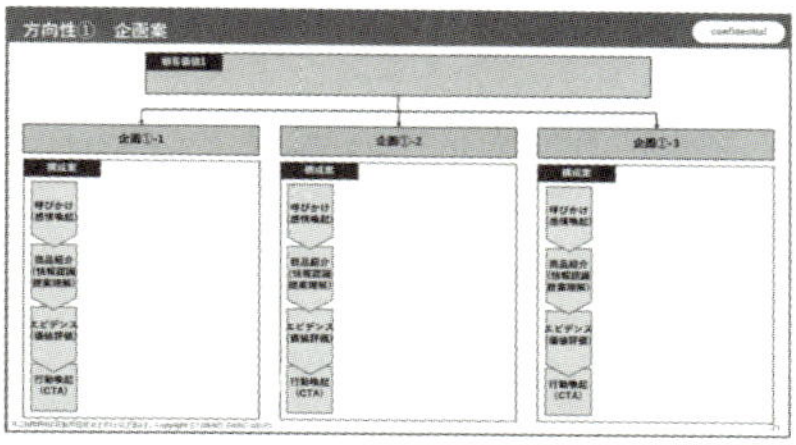


### ⑤ PR企画

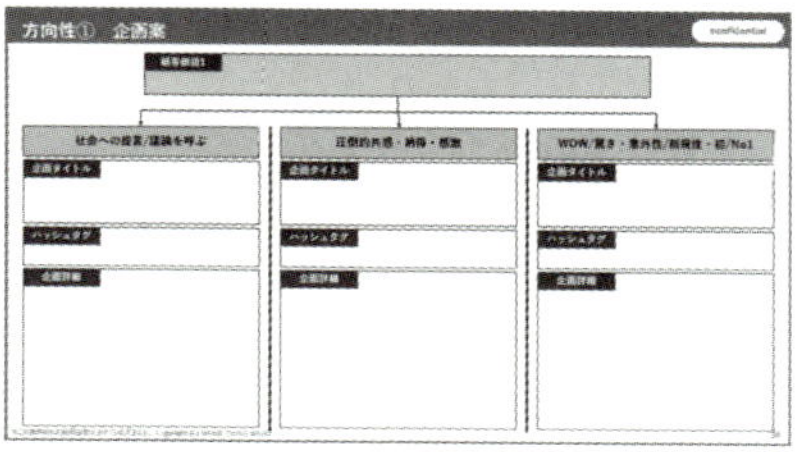


### ⑥ SNS・記事コンテンツ

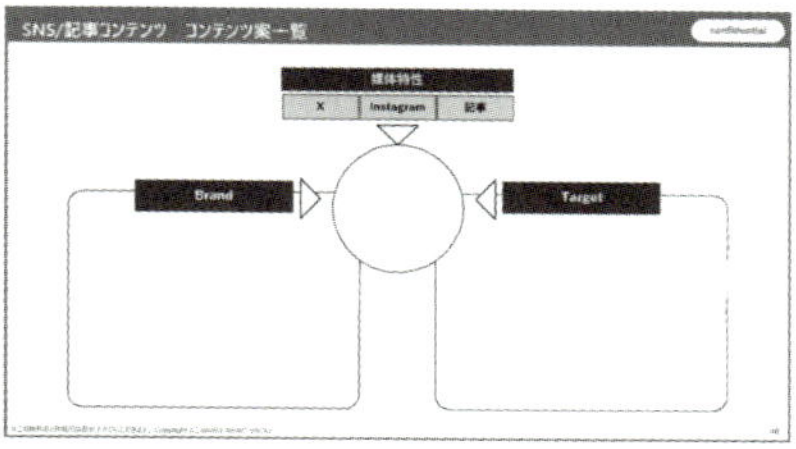

てくれます。

人間だったら数人がかり、数日がかりになってしまう「企画書のたたき台」の作成が、ＡＩの手にかかれば、一瞬でできてしまうのです。

## 実例：化粧品ブランドの広告企画を立案する

ここではひとつの例として158ページでご紹介した「型」の①である「汎用プロモーション」の立て方を追っていきましょう。

とある化粧品ブランドの企画書（化粧品Ａの企画書）を考えるとします。

まずは「現在の状態」と「目指す状態」、そして目指す状態を阻む「課題」を整理します。

ここでは、次のように整理しました。

現在の状態：化粧品Ａは高品質な年齢肌対策製品を提供しているが、50－60代女性を中心

とした顧客層に限定されている状態
目指す状態：若い世代にもブランドの魅力を伝え、幅広い顧客層から支持される健康と美容のパートナーとなった状態
課　　題：若い世代のニーズと価値観に合致したコミュニケーション戦略を構築し、製品の多用途性や安心感を効果的に伝える必要がある。化粧品Aの高品質と信頼性を前面に出し、新しい顧客層の獲得を目指す

続いて、ターゲットインサイトを掘っていきます。

ステップ4で分析したターゲット情報が、ここで活きてきます。

ターゲットは、社会・時世をどうとらえているのか。「化粧品」というカテゴリをどうとらえているのか。「化粧品A」という自社ブランドをどうとらえているのか。163ページのように、ポジティブ、ネガティブの両面から、AIが洗い出してくれます。

次にAIは、この化粧品ブランドが、企業だけでなく、顧客や社会にどのような価値を生むかを考えてくれます（165ページ）。「企業」「顧客」「社会」のすべてにメリットを

## 目指す状態と課題

**現在の状態**

化粧品Aは高品質な年齢肌対策製品を提供しているが、50～60代女性を中心とした顧客層に限定されている状態

**目指す状態**

若い世代にもブランドの魅力を伝え、幅広い顧客層から支持される健康と美容のパートナーとなった状態

**課題**

若い世代のニーズと価値観に合致したコミュニケーション戦略を構築し、製品の多用途性や安心感を効果的に伝える必要がある。化粧品Aの高品質と信頼性を前面に出し、新しい顧客層の獲得を目指す

## ターゲットインサイト

### 社会・時世に関するインサイト

| positive | negative |
| --- | --- |
| 美容情報と環境保護への高い関心 | 社会問題への漠然とした不安 |

### 商品カテゴリに関するインサイト

| positive | negative |
| --- | --- |
| 若さを維持することへの積極的な姿勢 | 市場の過飽和による選択の困難 |

### ブランドに関するインサイト

| positive | negative |
| --- | --- |
| 高品質な美容成分 a に対する信頼 | 差別化の難しさによる認知不足 |

生み出すもの。それがつまり「顧客価値」です。

ＡＩは、ターゲットインサイトと自社ブランドをもとに、顧客価値を３パターン考えてくれます。

ここでは、「信頼できる美容のパートナー」「ライフスタイルを豊かにするサポーター」「家族の肌を守る信頼のパートナー」の３パターンが挙がりました。


この顧客価値に基づき、ＡＩは「それぞれ、どのような企画が成り立つか」という企画の方向性と、具体的な企画案の両方を考えてくれます。

１６６ページが「企画の方向性」、１６７〜１６９ページが「具体的な企画案」です。


ＡＩは「コールセンター」「スーパー営業マン」「マーケター」としてのみならず、広告プランナーとしても獅子奮迅の活躍を見せてくれるのです。

今回は「DDDAI™ Planning」を例に紹介しましたが、マーケティングを支援するＡＩはさまざまな会社により開発されています。顧客の声を集める・分析するだけではなく、次の施策に活かすという領域まで伸ばす試みは今後ますます進化していくと考えられます。

## 顧客価値

| ブランド | | | 顧客 | |
|---|---|---|---|---|
| 価値を信じさせる根拠 | 価値を支える商品の特徴 | 顧客価値（ポジショニング） | 顧客が感じるベネフィット（選択理由） | インサイト（満たされる欲求 解消される不安） |
| 長年の研究と開発に基づく製品の信頼性と顧客からのポジティブなフィードバック | 無味無臭で日常生活に容易に取り入れられる高吸収率の高品質な美容成分a | 信頼できる美容のパートナー | この美容成分aで、今のままの若さと美しさを手に入れたい | ずっと若いままの見た目でいたい。そのための信頼できるサポートが欲しい |
| 顧客の実体験やレビューに基づく多用途性の実証と満足度 | 1本で化粧水と乳液を兼ねるトータルケア | ライフスタイルを豊かにするサポーター | これひとつで、毎日の美容が簡単にケアできるなんて便利！ | 忙しい毎日でも、美容を手軽にケアできる方法があればいいのに |
| 品質管理の透明性と顧客からのポジティブなフィードバック | 厳しい品質管理と科学的研究に基づく安全な美容成分a製品 | 家族の肌を守る信頼のパートナー | この製品で私と家族の肌の健康を守れる安心感が得られる | 家族みんなの肌を守りたい。信頼できる製品で安心したい |

## 課題解決のための企画の方向性

| | | | |
|---|---|---|---|
| 課題 | 若い世代のニーズと価値観に合致したコミュニケーション戦略を構築し、製品の多用途性や安心感を効果的に伝える必要がある。化粧品Aの高品質と信頼性を前面に出し、新しい顧客層の獲得を目指す。 | | |
| × | × | × | × |
| 顧客価値（ポジショニング） | 信頼できる美容のパートナー | ライフスタイルを豊かにするサポーター | 家族の肌を守る信頼のパートナー |
| ↓ | ↓ | ↓ | ↓ |
| 企画の方向性 | 「美のための美容成分 a 体験ワークショップ」—信頼できるパートナーから学ぶ、美しさを維持する秘訣。 | 「5 分で完了！美容成分 a 美容ルーティン」—忙しい毎日でも、手軽に美をキープするための簡単ガイド。 | 「家族で始める美容成分 a 肌ケアプロジェクト」—家族全員の肌を守る、共有できる美容成分 a 活用法の提案。 |

## 方向性① 具体的な企画案

**企画の方向性**　「美のための美容成分 a 体験ワークショップ」

**企画タイトル**
1.「美容成分 a で彩る美活ライフ」
2.「毎日を美しく、美容成分 a 美容法」

**企画概要**
この企画では、美容成分 a を活用して、日常生活に簡単に取り入れられる美容の習慣を提案する「美容成分 a で彩る美活ライフ」を実施します。ウェブサイト上で、美容成分 a を使った美容レシピや健康習慣のアイデアを紹介し、ユーザーが自宅で簡単に試せるコンテンツを提供します。また、参加者が自身の体験を「# 美容成分 a 美活」のハッシュタグをつけて SNS に投稿し、ほかのユーザーと共有することを奨励します。この企画を通じて、美容成分aの多様な利用方法を紹介し、日々の美容と健康維持に役立てることを目指します。

**企画詳細**

| 認知・関心 | 体験 | シェア |
|---|---|---|
| ・ウェブサイトと SNS プラットフォームを通じて、インフルエンサーによる「美容成分 a で彩る美活ライフ」キャンペーンの紹介動画や記事を配信する。<br>・オンライン広告（Google AdWords、SNS 広告）を利用して、ターゲット層にキャンペーンの存在を積極的に知らせる。<br>・オンライン健康・美容雑誌やブログでの特集記事やインタビューを通じて、キャンペーンの詳細と参加方法を紹介する。 | ・キャンペーン専用ウェブサイトで、美容成分 a を使った美容レシピや健康習慣のアイデアを紹介し、ユーザーが自宅で簡単に試せるコンテンツを提供する。<br>・参加者には美容成分 a の無料サンプルを提供し、実際に製品を試してもらう。<br>・オンラインワークショップやライブストリーミングを通じて、美容専門家やコンサルタントによる「美容成分 a 美活」のガイドを実施する。 | ・参加者が自身のチャレンジの体験を SNS に投稿する際に使用するハッシュタグを設定し、投稿を奨励する。<br>・キャンペーンウェブサイトや公式 SNS アカウントで、参加者の投稿を定期的にフィーチャーし、コミュニティ内での共有とエンゲージメントを促進する。<br>・最も創造的な投稿や最も改善が見られた参加者を選出し、美容成分 a 製品の追加サンプルや限定グッズをプレゼントするコンテストを開催する。 |

## 方向性②　具体的な企画案

**企画の方向性**

「5分で完了！　美容成分a美容ルーティン」

**企画タイトル**

1.「美の5分間チャレンジ」
2.「毎日キレイを叶える美容成分a習慣」

**企画概要**

この企画では、美容成分aを活用した「美の5分間チャレンジ」を提案します。参加者は、毎日5分間を使って、美容成分aを取り入れた美容や健康習慣を実践します。これには、スキンケアルーティンの改善、健康的なスムージーの作製、短時間のホームワークアウトなどが含まれます。参加者は自身の体験を「#5分間美容」のハッシュタグをつけてSNSに投稿し、ほかの参加者と共有します。このキャンペーンは、ウェブサイトとSNSプラットフォームを通じて実施され、参加者には美容成分aの無料サンプルや限定割引クーポンが提供されます。

**企画詳細**

| 認知・関心 | 体験 | シェア |
| --- | --- | --- |
| ・SNSプラットフォーム（Instagram、X、Facebook）でのインフルエンサーマーケティングを活用し、健康や美容に関心の高いインフルエンサーに「美の5分間チャレンジ」の実践とその効果を紹介してもらう。<br>・ウェブサイト上でのキャンペーン専用ページを設置し、美容成分aの効果や、5分間チャレンジの具体的な方法を紹介する動画や記事を公開する。<br>・オンライン広告（Google広告、SNS広告）を利用して、ターゲット層にキャンペーンの存在を積極的に知らせる。 | ・参加者には美容成分aの無料サンプルを提供し、実際に製品を試してもらう。<br>・オンラインワークショップやライブストリーミングを通じて、美容専門家やコンサルタントによる「美の5分間チャレンジ」のガイドを実施する。<br>・キャンペーン専用ウェブサイトで、参加者が日々のチャレンジを記録し、進捗を追跡できるデジタルダイアリー機能を提供する。 | ・参加者が自身の「美の5分間チャレンジ」の体験をSNSに投稿する際に使用するハッシュタグを設定し、投稿を奨励する。<br>・最も創造的な投稿や最も改善が見られた参加者を選出し、美容成分a製品の追加サンプルや限定グッズをプレゼントするコンテストを開催する。<br>・キャンペーンウェブサイトや公式SNSアカウントで、参加者の投稿を定期的にフィーチャーし、コミュニティ内での共有とエンゲージメントを促進する。 |

## 方向性③　具体的な企画案

**企画の方向性**　「家族で始める美容成分a肌ケアプロジェクト」

**企画タイトル**
1.「家族で繋がる元気肌ライフプロジェクト」
2.「みんなで楽しむ美容成分a肌チャレンジ」

**企画概要**
この企画では、家族全員が参加できる「家族で繋がる元気肌ライフプロジェクト」を提案します。家族単位で美容成分aを取り入れた肌ケア習慣を始め、その過程をウェブサイト上の専用プラットフォームで記録し、共有します。活動内容には、共同で健康的な食事をつくる、家族での運動時間の設定、美容成分aを使ったレシピの共有などが含まれます。参加家族は、自身の目標を設定し、達成度に応じて美容成分a製品の割引クーポンや関連グッズを獲得できます。この企画を通じて、家族の絆を深めながら、健康的なライフスタイルを促進します。

**企画詳細**

| 認知・関心 | 体験 | シェア |
| --- | --- | --- |
| ・家族向けの健康・美容ブログやフォーラムでのゲスト投稿を通じて、企画の紹介と参加の呼びかけを行う。<br>・家族で参加できる健康関連イベントやオンラインセミナーを開催し、その中で「家族で繋がる元気肌ライフプロジェクト」を紹介する。<br>・SNSキャンペーンを実施し、家族写真や健康習慣に関する投稿を促すハッシュタグコンテストを開催する。 | ・専用ウェブサイトを設立し、参加家族が健康目標を設定し、進捗を記録できるプラットフォームを提供する。<br>・家族で行う健康的な食事のレシピや、美容成分aを活用したレシピをウェブサイトで共有する。<br>・家族で参加できるオンラインフィットネスクラスや健康セミナーを定期的に開催し、参加家族に無料または割引でアクセスを提供する。 | ・参加家族が自身の健康習慣や活動の様子を「#家族元気肌チャレンジ」のハッシュタグを使ってSNSに投稿することを奨励する。<br>・ウェブサイト上で、参加家族の成功事例や体験談を定期的にフィーチャーし、ほかの家族にインスピレーションを提供する。<br>・最もアクティブに参加し、顕著な改善を達成した家族を表彰し、美容成分a製品のギフトセットや健康関連グッズをプレゼントする。 |

# おわりに

## 「マーケティング」だけでは、会社は前に進まない

マーケティングという仕事のややこしいところは、「マーケティングを行うだけでは、会社として前に進まない」点にあります。

顧客の声や行動を正確にとらえるべく、分析を重ね、「100点の答え」を導き出すことはできます。しかしそれだけでは、会社の経営としては前に進んでいません。

「マーケティングを活かす施策」を打って初めて、マーケティングという仕事に価値が生まれるのです。

マーケティングには膨大な仕事量が伴いますから、私たちをはじめ、マーケティングに

携わる人間はいかにも「ものすごくたくさんの仕事をしている」「マーケティングとは時間がかかる。そして実際、時間をかける価値がある仕事なのだ」という気になりますが、それは錯覚です。マーケティングが一日で終わるならもちろんそのほうがよく、浮いた時間を「顧客のための施策」に使えるなら、それが会社経営としてはベストなのです。

そして今、「マーケティングが一日で終わるなら」という夢のような仮定が、「AIを活用したコンタクトセンター」を導入することにより、実現できるようになったのです。

これは決して、「人間がやるべき仕事を、AIに取って代わられた」わけではありません。「マーケティングをAIに任せられるようになったことにより、本来、人間がやるべき仕事に、しっかりと時間と労力をかけられるようになった」のだと、私たち大広WEDOは考えています。

## 「行動を起こす」ことこそが大事

AIの発達とともに、「人間に求められること」が変わってきているのは、みなさんすでにお気づきでしょう。

思えば今から40年ほど前は、人間の頭のよさは「知識の量」や「問題処理の正確さ」、「問題処理のスピード」にあると考えられていました。まわりの人よりも豊富な知識量を持ち、たくさんの問題を速く、正確に処理できる人が「優秀な人である」と見られ、組織の中で大きな存在感を放っていました。

しかし、「豊富な知識量を蓄え、たくさんの問題を速く、正確に処理する」という、かつて優秀な人が発揮していた能力は今、AIが代わりに担ってくれるようになりました。それはつまり、AIの発達により、人間にはより「人間らしさ」が求められる時代になったのだといえます。

AIが、豊富な知識量と優れた処理能力を武器に分析してくれた情報をもとに、人間がいかに、人間の心をとらえる施策を打てるか。

人間が、「分析」ではなく「行動」に、思う存分力を注げる時代がきたのです。

私たち大広WEDOという社名の「WEDO」を直訳すると、「私たちは、やる」となります。

この社名には、「行動を起こすことこそが正義なのだ」「分析自体には価値がなく、分析を活かす行動を起こすことに価値があるのだ」という思いが込められています。

行動を起こすと、「なんか、思っていたのと違うな」「イメージ通りにうまく進まないな」と感じる部分が、必ず出てきます。

それでいいのです。

行動を起こしたときにうまくいかない原因の多くは、行動そのものではなく、AI特有の「理想的すぎる行動計画」にあります。

具体的な話をすると長くなってしまいますので、ひとつ、簡単なたとえ話をします。

AIはときに、「ここに大きな壁がありますが、2mジャンプすれば、飛び越えることができます」のような行動計画を出してくることがあります。

でも人間は、2mもジャンプすることなんてできませんから、AIの出した行動計画をそのまま実行しようとすると、「AIの言う通りにジャンプしているのに、この壁を乗り越えることができない」ということになります。

多くの会社はここで、「やはりマーケティングを活かした施策を打つなんて、絵空事」と、行動を止めてしまいます。

しかし、行動を止めてはいけません。

ＡＩの導入によって、マーケティングにかかる時間が短くなりました。行動を修正する時間も、次の行動を起こす時間も十分にとれます。次のＰＤＣＡを速く回し、行動を起こし続けることで、結果的に、ＡＩを導入しなかったときよりも早く、確実に正解にたどり着くことができるのです。

どうか読者のみなさまには、「ＡＩを導入した」ことで歩みを止めず、ＡＩの導入をきっかけに、次へ次へと行動を起こし続けていただきたい。そう切に願い、筆を擱くことにします。

最後までお読みいただき、ありがとうございました。

著者

協力
株式会社FABRIC TOKYO
株式会社Laboro.AI

著者エージェント
アップルシード・エージェンシー

**大広 WEDO テクノロジーチーム**
国内大手総合広告会社・大広の子会社として2019年に設立された、顧客体験の構築・提供を担うクリエイティブ・プロモーションの機能会社。

日本の通信販売の黎明期である1970年代にTVショッピングのメディアバイイングを数多く実施、2000年代のダイレクトマーケティング支援や近年のD2Cビジネス支援など、歴史的に「顧客づくり」に強みを持つ大広。その歴史とそれに基づく思想や手法を引き継ぎ、さらにAIを始めとした最先端のテクノロジーを活用して顧客と1 to 1マーケティングを実践するために大広 WEDO 内に組織されたのが、「大広 WEDO テクノロジーチーム」である。

AI＆機械学習のスペシャリスト集団・株式会社 Laboro.AI と共同で、生成 AI を活用した顧客との質の高い対話を実現するための仕組み「Brand Dialogue AI®」を開発。LLM（大規模言語モデル）の行列データを活用したベクトルデータ化手法を用いて、これまでにないまったく新しい顧客の声の集め方と溜め方を実践することで、既存顧客とのより深い結び付きの実現とそれを応用した新たな顧客へのアプローチを行っている。

また、AIをクリエイティブ・プロモーションの実働に活かすため、画像・動画生成領域にも取り組むなど新たなチャレンジを進めている。

本書に関するお問い合わせ　https://www.daiko-wedo.co.jp/

---

**顧客価値を劇的に高める生成AIマーケティング**

---

2025年 4 月 10 日　初版第1刷発行

---

著　者——大広WEDOテクノロジーチーム

発行者——張 士洛
発行所——日本能率協会マネジメントセンター
〒103-6009 東京都中央区日本橋2-7-1　東京日本橋タワー
TEL 03（6362）4339（編集）／03（6362）4558（販売）
FAX 03（3272）8127（編集・販売）
https://www.jmam.co.jp/

---

構成協力——前田 浩弥
装丁・本文デザイン——藤塚 尚子（etokumi）
図　　版——有限会社北路社
D　T　P——株式会社キャップス
印 刷 所——三松堂株式会社
製 本 所——三松堂株式会社

---



---

ISBN 978-4-8005-9318-4　C2034
落丁・乱丁はおとりかえします。
PRINTED IN JAPAN